EVA DIETRICH

DAS FREMDE GEWÜRZ

GESCHICHTEN
AUS GEORGIEN

MIT FOTOS DER AUTORIN

CAPYBARABOOKS

Dieses Buch erscheint mit freundlicher Unterstützung
des Nationalen Kulturfonds Luxemburg.

ISBN 978-99959-43-14-1
1. Auflage 2018

Texte und Fotos: Eva Dietrich
Autorenfoto: privat
Layout, Cover und Gestaltung: Magdalena Sander | www.buerosander.de
Druck: CPI books, Leck, Germany

www.capybarabooks.com

„Wir fühlten uns in Tiflis nicht fremd,
denn Tiflis empfängt viele Besucher
und ist Fremde gewohnt (...).
Wir fühlten uns ziemlich zu Hause."

JOHN STEINBECK: Russische Reise

DER ZAUN

Wo bin ich hier nur, geht mir in der Altstadt von Tiflis wiederholt durch den Kopf. Ich rede mit mir selbst wie mit jemand anderem. Ich bin zum ersten Mal in dieser Stadt und doch sind mir ihre Gassen und Gebäude seltsam vertraut, als wäre ich hier zuhause.

Etwas irritiert mich hier ständig. Es ist, als ob ein Tier mich mit der Nase stupft. Etwas berührt mich, verlangt nach Aufmerksamkeit, um mich auf etwas hinzuweisen. So dass ich die Augen suchend zusammenkneife, um jemand anderen oder einen Hinweis zu finden. Aber da bin nur ich, die Stadt und eine schlafwandlerische Aufmerksamkeit.

Ich streife durch unbekannte Gassen wie durch einen alten Traum, in dem man alles kennt, weil man schon einmal dort war. Doch wache ich nicht auf und schlafe nicht ein. Es dauerte lange, bis ich begriff, dass die ständige Irritation daher rührt, dass ich in Tiflis nichts suchen muss, weil die Stadt mich ergänzt. Die Stadt ist eine alte Bekannte und ich eine Fremde, die mir auf seltsame Weise vertraut ist. Es ist, als sähe ich hier immerzu mich selbst.

Kein Haus steht gerade. Kein Leben verläuft wie eine Autobahn. Gewundene Gassen und bucklige Kopfsteinpflaster bringen Autos und Gemüsestände in Schräglage. Die Häuser lehnen sich aneinander und halten mich, weil ich mich nicht anlehnen kann. Nichts hält ewig. Das hält.

Nicht wenige Häuser fallen zusammen wie alte Gedankengebäude. Ich stehe vor aufgerissenen Fassaden fassungslos da. Da hängt ein Fensterladen wie ein ausgerenkter Kiefer. Ich starre durch Löcher in Räume mit abgerissenen Tapeten und eingestürzten Wänden. Böden haben ihren Boden verloren und sind durch Decken eingebrochen. Kein Fall ins Unbekannte. Nur einen Stock tiefer füllt ihr Schutt den Raum wie ein implodierter Vulkan. Das Haus liegt offen und zerbrochen. Und trotzdem kann ich nichts fassen, weil solche Häuser unhaltbar sind.

Durch ein Dach aus verkohlten Rippen scheint die Sonne auf einen Baum im ersten Stock. Im Erdgeschoss ballen schwarze Fensteröffnungen Dunkelheit ein. Der Himmel ist blau, die Szenerie friedlich wie nach dem Tsunami. Ich möchte mich auf das rosa Sofa auf der Wiese vor dem Haus legen. Doch hindert mich ein hoher Zaun. Warum lässt man mich nicht hinein?

HÜLLEN

Wie ein Halbmond in einer Wolke liegt eine Seidenraupe in ihrem hauchzarten Gespinst aus Flockseide. Sie schwebt im Konservierungsmittel eines Glasbehälters in einer Vitrine im staatlichen Seidenmuseum von Tiflis. Halb Materie nur mehr in ihrem halb durchsichtigen Gespinst, spänne sich die Raupe in der Natur weiter ein, um ganz im Kokon zu verschwinden und in verwandelter Form als Schmetterling aus ihm auszubrechen.

Das im Jahre 1891 fertiggestellte Seidenmuseum selbst gibt wenig Anlass zu Traumgespinsten und existenziellen Gedanken. Außer dem etwas verwilderten Garten vor dem Museum, mit verschiedenen Arten von Maulbeerbäumen, sind Gebäude, Vitrinen und Ausstellungsobjekte rational geordnet. Das breitgelagerte eklektizistische Gebäude aus rotem Backstein und weißem Anstrich empfängt Besucher mit einem herrschaftlichen Treppenhaus und zwei Wache haltenden Museumswärtern. Mit Pilastern gegliederte Wände im Treppenhaus zeigen Stuckdekorationen mit vergoldeten Seidenraupen, Faltern, Maulbeerblättern und Maulbeeren. Die Treppen führen zu original erhaltenen Museumsräumen und Inneneinrichtungen

mit maßgefertigten Holzvitrinen. Porträtfotografien der Direktoren hoch an der Wand verkünden Standesbewusstsein mit Bart und Frack. Eine Bibliothek mit 20.000 Büchern stellt das gesammelte Wissen über die Seidenproduktion zur Schau. Die Verwandlung der Seidenraupe hat hier nichts mit Träumen und Hoffnungen, sondern mit sezierender Beobachtung zu tun. Seidenraupen werden gekocht und getötet, um an ihren unendlich lang scheinenden Faden zu gelangen. Sorgfältig arrangierte Exponate entführen in eine Zeit, in der man die Welt mit naturwissenschaftlicher Genauigkeit bis ins letzte Detail erfassen und katalogisieren zu können glaubte. Dementsprechend ist alles beschriftet und erklärt. Nur das Wunder der Verwandlung im Kokon bleibt unbeschriftet, auch wenn aufgeschnittene Kokons den Vorgang bloßlegen.
In der Haupthalle des Museums füllen 5.000 Seidenkokons aus verschiedenen Ländern in unterschiedlichen Formen und Farbnuancen wie Fadenspulen die Wandvitrinen. Gerundet, zugespitzt oder in der Mitte leicht eingeschnürt wie Erdnüsse die Zuchtseidenkokons. Aufgerissenen Müllsäcken und vertrockneten Blättern ähnlich die Wildseidenkokons. Missgestaltete und kranke Puppen werden ebenso gezeigt wie von braunem Saft zerstörte Puppenhüllen, aus denen Falter geschlüpft waren. Kein modernes Museum der Welt gäbe den Farb- und Formvariationen von Kokons noch so viel realen Raum. Färbematerialien

in Gläsern, gefärbte Seidenstränge und Textilien bilden einen weiteren Schwerpunkt der Kollektion. Ein Seitenraum widmet sich dem Maulbeerbaum. Dort füllen gepresste getrocknete Maulbeerblätter unterschiedlichster Größe und Form in Holzrahmen gerahmt und hinter Glas eine ganze Wand. Das wirkt etwas trocken, wie vergilbte Blätter halt trocken sind. Dass schon König David (in Samuel 5,24) vom Herrn die Anweisung erhielt, die Philister anzugreifen, wenn er das Rauschen der Maulbeerbäume höre, interessiert hier ebenso wenig wie Großmütter, die ihren Enkeln noch heute einbläuen, nicht unter Maulbeerbäumen mit reifen Früchten zu spielen, weil Vogelkot mit Maulbeersaft zu nicht wegwaschbaren Flecken führt. Ziel war, mithilfe des Museums und den darum herum gebauten Forschungsstationen die wirtschaftliche Produktion von Seide anzukurbeln. Da war Wissenschaftsprosa angesagt.

Poetischer umschreibt ein chinesisches Sprichwort, an das ich mich erinnere, die Vorgänge der Verwandlung: „Sie geht auf den Bergpfad", sagt man, wenn die Raupe vor dem Einspinnen ihren Kopf in die Luft reckt. Dann zieht die Raupe drei bis vier Tage lang eine Art Achterschlaufen oder eher die Form eines Möbiusbandes. Vollführt das Tier einen Tanz, meditiert es oder lässt sich über diesen Vorgang nichts mehr sagen, weil Anfang und Ende, jegliche Orientierung und Identität in den Runden verlorengehen?

Es grenzt an ein Wunder, dass das Seidenmuseum erhalten blieb, obwohl es heute hart an das Fußballstadium Dynamo stößt. Dem im Jahr 1981 fertiggestellten mächtigen Bau fielen das Institut zur Erforschung und Förderung der Seidenproduktion und weitere Gebäude zum Opfer. Auch die kleinen Häuser für die Seidenraupenzucht und Verarbeitung haben die Zeiten nicht überstanden. Doch warum Veränderung bedauern, wenn die Raupe selbst ihre Behausung zerstört und ihr Leben nur kurz währt?

Andere Gebäude aus der Zeit des Seidenhandels und der Seidenstraße blieben in der Altstadt von Tiflis erhalten, sind aber nur mehr Hüllen, Ruinen wie die aufgebrochenen Seidenkokons. An der Leselidse-Straße steht ein seit Jahren leerer renovierter Rohbau einer ehemaligen Karawanserei. Daneben reihen sich an der Sioni- und Erekle-Straße ehemalige Karawansereien aneinander, die meist zu Restaurants umfunktioniert wurden. Der ehemalige Handelsplatz Gorgassali Moedani bei der Metechi-Brücke ist heute mit Taxis statt Kamelen belegt. Nur ein Teppichgeschäft hat der Zeit getrotzt und erinnert an die alte Seidenstraße. Und Maulbeerbäume wachsen noch wie eh und je an jeder Ecke und lassen ihre weißen und schwarzen Früchte auf den Boden regnen.

Das Seidenmuseum war Teil der transkaukasischen Seidenraupenzuchtstation, die Russland in der zweiten Hälfte des 19. Jahrhunderts in Tiflis bauen ließ. Das russische Zarenreich expandierte schon lange nach Süden, um an eisfreie Häfen zu gelangen. Als es Georgien im Jahr 1801 annektierte, wurde Tiflis zum Verwaltungszentrum für den ganzen Südkaukasus ausgebaut. So erhielt die Stadt ihr modernes Gesicht mit breiten Boulevards, klassizistischen und eklektizistischen Fassaden, Theatern und Museen. Daneben blieb die Altstadt mit ihren verwitternden Fassaden stehen. Georgien sollte eine typische südliche Kolonie werden. Deshalb wurde die Produktion von Gütern wie Tee, Südfrüchten und Seide gefördert, die im Norden nicht möglich war. Ursprünglich bestand die transkaukasische Seidenstation aus 25 Gebäuden, die zwischen 1887 und 1891 errichtet wurden. Ein Hauptzweck bestand darin, gesunde Samen für die Maulbeerzucht bereitzustellen und das Wissen über die Seidenproduktion zu fördern. Dazu reiste der erste Direktor des Museums, der Wissenschaftler Nikolai Schawrow, mit einer von einem Fotografen begleiteten Expedition durch Georgien und knüpfte Kontakte in Europa. Auch mit Louis Pasteur, der an einem Mittel gegen die in ganz Europa wütende Fleckenkrankheit forschte, welche die Seidenraupenpopulationen dahinraffte.

Der Seidenhandel ist Vergangenheit. Seide wurde in Tiflis bis zum Ende der Sowjetunion produziert. Heute tragen alte Menschen dunkle Kleider, junge Jeans aus der Türkei, aus Bangladesch und China. Aktuell sind Jeans mit unzähligen Rissen der letzte Schrei, als wären aus diesen Stoffen Krebse ausgebrochen. Neue Seidenstraßen blühen. Georgien lebt vom Autoimport aus Deutschland und verkauft die Wagen weiter nach Zentralasien. Auf den Straßen von Tiflis fahren deshalb viele Transporter mit deutschen Reklamen für handwerkliche Berufe, etwa Schreinermeister. Große Werbetafeln der Hualing Group verkünden bereits am Flughafen von Tiflis die Handelsbeziehungen zwischen China und Georgien. Die Hualing Group plant in Tiflis Shoppingzentren und Hotels bis hin zu ganzen Stadtteilen und eröffnete eine Freihandelszone in Kutaissi, deren Eingang rote Lampions schmücken. Die Freihandelszone fungiert als Verbindungszentrum zu den Seehäfen am Schwarzen Meer und über Tiflis zu den Häfen am Kaspischen Meer. Von da führt die Strecke übers Kaspische Meer weiter nach Kasachstan und China. Handel wie in alten Zeiten, auch wenn die Güter und Transportmöglichkeiten sich geändert haben. Auf dem Weltwirtschaftsforum in Davos im Januar 2016 hob Georgiens Premierminister Giorgi Kwirikaschwili die Vorteile dieser revitalisierten Route als kürzester Verbindung zwischen China und Europa hervor. Ein Testzug aus China brauchte sieben Tage bis nach Tiflis und wäre in elf Tagen in Europa. Zeit ist Geld und Waren reisen heute ohne die Magie der alten Seidenstraße. Georgien, die Türkei und Aserbaidschan bauen zudem Zugverbindungen und Autobahnen durch den Südkaukasus. Wobei Georgien seine Autobahnabschnitte von Chinesen bauen lässt und auch die Planung eines Tiefseehafens in Anaklia in chinesische Hand legt. Wie eh und je übernimmt das Land die geografische Rolle eines Korridors zwischen dem Schwarzen und dem Kaspischen Meer. Die neue Seidenstraße umgeht Russland im Norden und den Iran im Süden. Armenien hat im Spiel der Mächtigen einmal mehr den Kürzeren gezogen.

Auch die Zeit der Seidenraupenzucht ist in Georgien vorbei. Nur noch im Museum erfährt man, dass sich die Tiere vier Mal häuten und mit jeder neuen Haut eine neue Farbe

anlegen, als würden sie ein neues Kleid bekommen, bis sie sich schließlich in ein durchsichtiges Kleid einspinnen. Noch einmal betrachte ich das Seidengespinst mit der halbmondförmigen Raupe im Glas. Ich weiß nun vieles und nichts über dieses eigenartige Lebewesen und seine Hüllen und Verwandlungen. Liegt der Sinn seiner Existenz im Fressen, um genug Masse für den Seidenfaden anzusammeln? Eine Seidenraupe wird, was sie isst. Die Farbe ihres Seidenfadens hängt direkt von ihrer Nahrung ab. Ist der Kokon ihr Ziel oder neue Kleider, weil sie aus alten herauswächst? Ist Verwandlung an sich ein Ziel? Führt das Tier Verwandlung vor und die Rolle von Hüllen, aus denen man wachsen, platzen und anders hervorbrechen kann? Besteht ihr Wesen im Aufbruch? Sie zerfrisst ihr Ei, sie platzt aus ihren Raupennähten, sie verätzt den Seidenkokon mit braunem Saft, um sich als Falter einen Weg zu bahnen, als wäre Leben ein fortwährender Aufbruch – um der Verwandlung willen.

DREI MENSCHEN

Wie Akteure in einer alten Geschichte liegen, sitzen und stehen drei alte Menschen auf dem Rustaweli-Boulevard zwischen der gleichnamigen Metrostation und dem Freiheitsplatz. Sie erinnern mich täglich an einen Ausschnitt aus der Lebensgeschichte Buddhas und machen mich zum Mitakteur, zu einem Buddha in spe. Die Konstellation ist dieselbe: Wie Buddha auf einem seiner Ausritte drei versehrten alten Menschen begegnete, begegne ich ihnen heute wieder.

Eine kleine Frau mit kurzen Haaren liegt auf dem Asphalt. Sie liegt immer seitlich mit angewinkelten Beinen und dreht ihren Kopf mit aufgestützten Armen den Passanten zu. Manchmal murmelt sie vor sich hin. Vor ihr steht ein Karton mit einer deutschen Werbung für Klebeband. Ihren Stammplatz vor dem Marriott-Hotel auf dem Freiheitsplatz hat sie eines Tages etwas näher zu den anderen beiden in Richtung Metrostation verschoben. Vielleicht wurde sie auch dazu gezwungen, ihren Platz zu räumen. Denn eine Frau in abgewetzten Kleidern, mit ungekämmten

Haaren und harten Fußsohlen auf bloßem Betonboden reibt sich mit der herausgeputzten Fassade eines Hotels und seinen weichen Betten, mit den makellos glänzenden Landrovern, die neben ihr in die Garage fahren, und den teuer gekleideten Hotelgästen, die hinter der Glasfront mit Sicht auf den Freiheitsplatz speisen. Ebenso beißt sich diese Frau mit einem Freiheitsplatz, in dessen Mitte auf einer hohen Säule ein vergoldeter Georg mit Lanze einen vergoldeten Drachen tötet. Am Unabhängigkeitstag war dieser Platz rundum von Panzern umstellt, modernen Georgs sozusagen. Nun liegt die Frau also ein paar Schritte weiter am Anfang des Rustaweli-Boulevards. Dort wird die ansonsten breite Promenade auf dem repräsentativsten Boulevard von Tiflis zurzeit eng, weil hinter einer Bretterwand ein Shoppingzentrum gebaut wird.

Unweit von ihr steht der Mann mit dem halbmondförmig gebeugten Rücken und hängendem Kopf auf Hüfthöhe. Er trägt eine Mütze für Almosen in seinen beiden Händen und greift, auf kleinste Erschütterungen reagierend, immer sofort krakenartig nach den Münzen. Dabei bewegt sich sein hängender Kopf hin und her, als müsste er das Gewicht der Münzen abwägen. Dann lässt er sie in eine große blaue Stofftasche verschwinden. Sein Gesicht sieht man nie. Obwohl er einen Klappstuhl unter einen Fuß geklemmt hat, als wollte er sicher sein, dass niemand ihn stiehlt, steht er den ganzen Tag in seiner extremen Rückenbeugung. Hinter seinen Füßen liegt ein Miniaturstock, mit dem ich ihn einmal um neun Uhr morgens den Weg ertastend aus dem Schacht der Metro auftauchen sah.

Dieser alte Mann ist fast wortwörtlich der Lebensgeschichte Buddhas entstiegen. In der Version, die in Georgien geschaffen wurde. Die Buddha-Legende wanderte nämlich in einer christianisierten Version vielleicht im 7. oder 8. Jahrhundert nach Persien. Dort wurde aus Buddha ein Bodisaf und bald darauf bei der Übersetzung ins Georgische ein Jodasaph bzw. Josaphat, und die Übersetzungen verwandelten die Buddha-Legende in eine christliche Heiligen-Legende. In dieser mittelalterlichen georgischen Version, die *Balavariani* heißt, wurde dem indischen König Abenner geweissagt, dass sein einziger Sohn Christ würde. Deshalb ließ der König die Christen verfolgen und aus seinem Reich vertreiben. Als sein Sohn Josaphat größer wurde, wollte er die Welt sehen und bat seinen Vater, ihm zu erlauben, den Palast zu verlassen. Damit Josaphat nichts Unschönes sehe, ließ der Vater jedes Mal die Straßen von allem reinigen, was

dem schönen Schein im Palast widersprach. Doch verließ der Junge den Palast eines Tages heimlich und sah einen Verkrüppelten und einen Blinden, welcher den Verkrüppelten herumführte. Als er bei einer anderen Gelegenheit einen Ausritt machte, sah er einen alten Mann, den das Leben auf eben die Weise gebeutelt hatte wie den Mann mit dem mondförmig gebeugten Rücken. Im *Balavariani* steht, sein Rücken sei so stark gebeugt, dass seine Hände die Erde berührten. Er hatte keinen einzigen Zahn mehr im Mund und redete unzusammenhängend. Bestürzt fragte Josaphat seine Begleiter: „Befällt dieses Schicksal alle Menschen?" Sie antworteten: „Ja, außer der Tod kommt ihm zuvor." Josaphat wurde bald darauf von einem christlichen Eremiten namens Barlaam zum Christentum bekehrt, war mildtätig und vollendete sein Leben als Eremit in der Wüste.

Die Frau im Rollstuhl mit den fein geäderten Wangen wirkt wie der Blinde. Sie sitzt meist direkt neben der Metrostation, trägt rot gefärbte kurze Haare, auffällige Strumpfhosen mit ornamentalen Ringelmustern, weiße Socken und offene Plastikschuhe, die ihre geschwollenen Füße erahnen lassen. Am auffälligsten sind ihre hellblauen Augen, die in eine unerreichbare Ferne schauen und keine Reaktion zeigen, wenn jemand eine Münze in den Pappbecher legt, als wäre ihr leerer Blick ein Zeichen von Demenz. Manchmal sehe ich sie auf der Leonidse-Straße parkiert. Die

Kräuterverkäuferinnen dort sagten mir, sie habe niemanden mehr. Nachbarn stellen sie morgens raus und bringen sie abends rein.
Dass mich diese drei Menschen nicht loslassen, liegt an Buddha und mag trotzdem verwundern angesichts der vielen armen Alten in den Straßen von Tiflis. Knapp 200 Lari Pension ermöglichen kein menschenwürdiges Leben. Oft sitzen sie dick eingemummt auf den Treppen zu Unterführungen und säumen alle Straßen, die zu Kirchen führen. Viele alte Frauen haben ein Kartonkistchen vor sich hingestellt und verkaufen Taschentücher, Sonnenblumenkerne, Erdnüsse oder sie lesen in der Bibel. Ihre Geschichte ist so universal wie die Geschichte der Menschheit. Kein Wunder, dass die Buddha-Legende mit ihrem Fokus auf dem Leiden ihren Weg in angepasster Form nach Westen fand. Tiflis war und ist ein geeignetes Pflaster für sie. Nicht zuletzt deswegen, weil die Regierung noch immer Scheinfassaden errichtet wie einst der König für seinen Sohn, der nichts Unangenehmes in den Gassen zu sehen bekommen sollte.
Der Agmaschenebeli-Boulevard zeigt ähnlich prächtige Vorder- und unrenovierte Rückseiten. Die Fassaden suggerieren Geschäftsleuten und Touristen, dass Georgien ein reiches Land sei. Dabei wundern sich viele Georgier, wer in den Läden auf dem Boulevard einzukaufen vermag. Wenige Meter weiter hinten bröckeln

die Häuser vor sich hin und Secondhand-Läden statt Boutiquen italienischer Designer und internationaler Marken bestimmen den Radius der Einkaufsmöglichkeiten vieler Menschen.

Im 10. oder 11. Jahrhundert reiste die Legende von Barlaam und Josaphat weiter nach Westen und eine griechische Version entstand. Sie erlangte in ganz Europa große Beliebtheit, weil niemand wusste, dass der christliche Heilige eigentlich ein buddhistischer „Heide" war. Offensichtlich war das Beispiel eines reichen Jungen, der die Vergänglichkeit des Lebens in den Körpern alter Menschen erkannte und sich dann von weltlichen Genüssen abwandte, ein kulturübergreifend attraktives Modell für Mönchtum und Askese.

Buddha und Josaphat fanden den Pfad zur Erleuchtung oder den Weg zum Christentum dank der drei Alten. Die drei Menschen auf dem Rustaweli-Boulevard machen mich reich und beschämen mich. Sie verkaufen nichts, sie betteln nicht aktiv und schauen niemanden an. Verwildert liegend, deformiert stehend und mit teilnahmslosen Augen sitzend behaupten sie ihren Platz auf dem prachtvollsten Boulevard, den das Parlament, die Oper, Museen, Luxushotels und andere repräsentative Bauten säumen. Monumente menschlicher Versehrtheit.

DIE FEINSCHMECKER-NONNEN

So stellt man sich ein georgisches Kloster nicht vor. Flachdachgebäude aus unbehauenem Stein, ohne Mörtel oder Beton zu dicken Wänden aufgeschichtet. Darüber Grasdächer mit Fensteröffnungen, die den Räumen ein höhlenartiges Ambiente geben. Modern und zeitlos kommt das Nonnenkloster von Phoka daher. Dazu gesellt sich ein exquisit gestalteter Shop mit schön verpackten handgemachten Spezialitäten, die auch in Tifliser Geschäften verkauft werden. Liköre, Marmeladen aus so raffinierten Kombinationen wie Melone mit Zitrone und Estragon, Schokoladenspezialitäten und französischer Käse, darunter ein Blauschimmelkäse aus Kuhmilch, bilden das Angebot.
Hinter den Spezialitäten stecken sechs Feinschmeckernonnen: die Äbtissin Elisabeth, Rachel, Schuschaniki, Nino, Nana, Sidonia und die Novizin Natia. Ihr Kloster liegt im Dorf Phoka auf 2.000 Metern Höhe in der Region Samtskhe-Tschawakheti im Süden Georgiens, in der Pampa, weit weg von jeglichem städtischen Lifestyle und von Menschen, die sich Pralinés leisten könnten.

Das Kloster liegt mitten im Dorf. Keine hohen Mauern grenzen es gegen die Bauernhäuser ab. Das Gästehaus unterscheidet sich nicht von den Häusern aus Tuffstein; die Steinhäuser mit den Grasdächern führen die Tradition der Erdhäuser fort, die hier zum Schutz gegen Feinde errichtet wurden und nun als Ställe dienen.

In dieser Gegend sind die Berge so sanft gewellt wie sich überlagernde Dünen. Vom Wind glattgestrichen wie Bettlaken, von der Sonne verbrannt das gelbe Stoppelgras auf dunkler Erde. Die Kombination von hellem Gras auf dunklem Grund bewirkt einen eigenartig samtigen Effekt, als wären diese Berge eher Teppiche als borstiges Steppenland. Kuhherden weiden als schwarze Tupfer in den weiten Ebenen. Schafherden bilden Rollteppiche. Die Seen sind silberblaue Spiegel, fast schon Fata Morganen.

Samtskhe-Tschawakheti ist Grenzregion zum einstigen Osmanischen Reich und das Gegenteil von jeder Grenze, grenzenlos weit. Handel, Missionare und Nomaden brauchen offene Räume. Die Seidenstraße in Richtung Schwarzes Meer ging hier durch, Missionare durchquerten die Steppen.

Anfang des 4. Jahrhunderts nach Christus kam die Heilige Nino mit ihrem Kreuz aus Weinreben, das ihr Maria im Traum in die Hand gelegt hatte, nach Phoka. Wie mir die Äbtissin Elisabeth erzählt, war schon Maria dazu beauftragt worden, Georgien zu christianisieren. Aber sie hatte nicht die Kraft dazu. Stattdessen kam der Apostel Andreas im 1. Jahrhundert nach Christus. Er bekehrte jedoch nur wenige Georgier. Erst durch Nino wurde das Christentum im 4. Jahrhundert zur Staatsreligion. In Phoka am Ufer des Paravani-Sees schlief sie eine Nacht. Im Traum erhielt sie zehn Gebote und Hirten empfahlen ihr, dem Lauf des Mtkwari-Flusses zu folgen, um nach Mzcheta, der damaligen Hauptstadt des georgischen Reiches, zu gelangen. Dort überzeugte sie den König und die Königin vom neuen Glauben.

Der Mtkwari-Fluss entspringt im äußersten Osten der Türkei, mäandert im georgischen Hochland noch als Bach durch die Ebenen und wächst bis Tiflis zu einem ordentlichen Fluss an, der schlussendlich ins Kaspische Meer mündet. An der Stelle, an der Nino schlief, steht heute eine kleine restaurierte Kirche. In ihr leuchten Emailikonen golden im

Kerzenlicht, wenn die Nonnen um acht Uhr abends ihr Gebet abhalten. Einen Teil der Ikonen haben die Nonnen selbst gemacht.

Die Äbtissin Elisabeth suchte in der achten Klasse, als sie 14 Jahre alt war, die Sioni-Kirche in Tiflis, wo sich die Reliquie des Kreuzes der Heiligen Nino befindet. Doch niemand konnte ihr den Weg dorthin zeigen. Das war 1973. Vier Jahre später überkam sie der Glaube an Gott, als der jetzige Patriarch Ilia II. zum Patriarchen ernannt wurde. Und 1992 kam sie mit zwei weiteren Nonnen nach Phoka. Das Oberhaupt hatte nach dem Ende der Sowjetunion nämlich beschlossen, dass in Phoka ein Frauenkloster entstehen müsse.

In den 1990er-Jahren war das gesellschaftliche Klima ausgesprochen hart. Phoka ist ein fast ausschließlich von Armeniern besiedelter Ort. Die Einheimischen fühlten sich von der Präsenz georgischer Nonnen in ihrem Willen nach Autonomie bedroht und warfen schon mal einen brennenden Reifen auf ihr Dach. Nicht selten fürchteten die Nonnen um ihr Leben.

Die Ordensschwestern stammen aus städtischem Milieu und mussten vom Brotbacken bis zum Kühemelken alles lernen. Aber sie kamen mit Visionen wie einst Nino, und ihre

Ausdauer sowie die ästhetischen Ansprüche von Elisabeth trugen Früchte. Die Nonnen wollten gute Nahrung und stellten sie selbst her. Die Produktion von französischem Käse lernten sie, weil er länger gelagert werden kann als der in Salzlake eingelegte georgische Käse. Sie wollten von den Erträgen ihrer Nahrungsmittel leben und eröffneten einen Laden, den in den Sommermonaten inzwischen so viele Touristen besuchen, dass sie ihn vergrößern und mit einem Café und einer Bäckerei erweitern wollen. In einem ehemaligen Stall, einem Steinbau mit Grasdach, planen sie einen Showroom für die Käseproduktion. Mit ihren Aktivitäten schufen sie sich mit den Jahren Sympathien bei den Einheimischen, weil Touristen auch georgischen Käse und Fische aus dem Paravani-See kauften. Für die Kinder haben die Nonnen eine kleine Schule gebaut, in der sie am Sonntag Englisch und Computerkenntnisse unterrichten. Nur Elisabeths Traum von einer Austernfarm im Paravani-See ging nicht in Erfüllung. Austern wären eine ideale Ergänzung auf dem Speiseplan der Nonnen gewesen, da sie diese auch während der zahlreichen Fastenzeiten essen dürfen. Aber der Salzgehalt des Sees ist zu gering für eine Austernzucht.

Bei meiner Ankunft werde ich sogleich ins Speisezimmer geführt. Das Haus mit moderner Küche ist bis ins letzte Detail durchgestaltet. Da steht ein Rolltischchen mit Likörflaschen, in der Ecke ein rundes Tischchen, um dessen Beine sich die Spitzen eines orientalischen Schals winden. Ich bekomme sorgfältig zubereitetes Gemüse, selbst gebackenes Brot und in einem Gläschen Cassis-Likör aufgetischt. Danach Käse, Espresso und Pralinés. Die Äbtissin Elisabeth erzählt mir ausführlich, wie die Nonnen die Käseproduktion im französischen Kloster Cîteaux lernten, die Herstellung von Schokolade jedoch allein aus dem Internet. Sie bräuchten eine kleine Schokoladenmaschine und bitten mich um Hilfe. Sie müssten auch Französisch lernen, ob ich bereit sei, sie einen Monat zu unterrichten, am besten im Winter. Schönere Kleidung für ihre Nonnen schwebt der Äbtissin ebenfalls vor. Sie sprüht vor Ideen und Visionen und ist überzeugt, dass Phoka in 20 Jahren ein anderes Dorf sein wird. Die Frauen würden kreativer und freier werden.

Das Abendessen um 16:30 Uhr ist festlich, da heute der letzte Teil des zehntägigen Festzyklus von Maria Himmelfahrt gefeiert wird. Es gibt Käsesuppe aus Porzellanschüsseln und Gemüsegratin mit Eierguss. Drei Beerenliköre und ein Schokoladenlikör in Karaffen mit Kristallpfropfen sowie Käse mit Himbeermarmelade stehen ebenfalls bereit. Als Dessert

werden Schokoladen- und Himbeertorte aufgefahren. Zu den Wassermelonen kommen wir gar nicht, denn lange sitzt man nicht am Tisch.
Abends trotten die Kühe von den Wiesen in ihre Ställe zurück. Schwester Schuschaniki zeigt mir den Ort, wo der Mtkwari-Fluss aus dem See herausfließt und der Weg von Nino durch Georgien begann. Ein paar Kühe trinken aus dem silbernen Wasser. Die haushohen Heustöcke werden immer goldener im Abendlicht und glänzen fast schon wie die Ikonen in der Kirche. In Ziegelform gepresster Kuhdung ist zu Mauern oder bienenstockähnlichen Gebilden aufgeschichtet. Die modernen Häuser aus rosafarbenem Tuffstein, die Ställe und Klosterräume aus Bruchstein mit Grasdächern, all diese Architekturen aus lokalen Materialien, aus Dung, Stein und Gras, alt und neu stehen nebeneinander und fügen sich zusammen.

DER HUMMER

Tiflis liegt an den Abhängen zweier Hügelzüge am Fluss Mtkwari. Der Hügelzug gegen Norden ist kahl wie die Steppen, die Georgien in Richtung Aserbaidschan charakterisieren. Dort befindet sich das armenische Quartier Awlabari mit einem bescheidenen Markt und das älteste Siedlungsgebiet der Stadt, wo König Wachthang Gorgassali im 5. Jahrhundert über dem Steilufer des Mtkwari seinen Königspalast baute, als er Tiflis zur Hauptstadt erkor. Der südliche Hügelzug ist mediterran. Kiefern und Macchie überziehen ihn, im April färben Judasbäume den Hügel rosa und Ginster blüht gelb. Seit langem bilden die Ruinen der Narikala-Festung auf dem südlichen Hügel über der Altstadt Kala die traditionelle Silhouette der Stadt. Im 20. Jahrhundert gesellte sich zu den Ruinen die monumentale Skulptur der Mutter Georgiens. Ebenfalls aus der Sowjetzeit stammen ein Fernsehturm und ein Riesenrad neben einem Ausflugsrestaurant, das mit einer Zahnradbahn erreicht werden kann. Dazwischen erhebt sich der 50 Millionen Euro teure Glaspalast des ehemaligen

Präsidenten Bidsina Iwanischwili und aktuell lässt eine abgetragene Felsnarbe erkennen, dass auf dem südlichen Hügel ein weiterer Komplex entsteht, von dem ich eines Morgens im Park des Botanischen Gartens hörte.
Frühmorgens steigen sportlich gekleidete Leute mit Bambusstöcken, die sie als Wanderstöcke benutzen, die Betlemi-Treppe hoch. Die Treppe führt von der Altstadt über zwei Kirchen zur Mutter Georgiens. Ich fragte mich lange, ob die Leute die Bambusstöcke zur Abwehr von Hunden brauchten, bis ich ihnen eines Morgens einfach folgte. Beim Aufstieg überraschte ich einen Mann in kurzen Hosen bei Liegestützen auf dem Bambus, den er quer über den Weg aufs Geländer und den Hang gelegt hatte. Auf der Hügelkuppe machten Leute Freistilübungen und schwangen die Stöcke mit dem Oberkörper nach links und rechts, es waren also Turngeräte. Einige verschwanden in einem Seiteneingang des Botanischen Gartens, der hinter dem südlichen Hügel in ein Tal gebettet liegt. Bei diesem Seiteneingang steht zwar in verschiedenen Sprachen „don't cross". Doch regt sich der behaarte Unterarm hinter dem Aufsichtsfenster nicht. Der Wachhabende schläft noch und wer will, geht ohne zu bezahlen an ihm vorbei den staubigen Weg zum Park hinunter.
Dort führt eine Brücke über einen Wasserfall, neben dessen Becken ein Mann mit entblößtem Oberkörper Übungen macht. Ein anderer Weg führt den Bach entlang durch einen

Bambushain das Tal hinauf an der Villa von Bidsina Iwanischwili vorbei und in einer Kurve ins Tal zurück. Iwanischwili besitzt einen schwenkbaren Privateingang zum Park. Seine Villa wirkt vom Botanischen Garten aus noch monumentaler als von der Stadt. Die geometrischen Körper aus Glas bilden eine Mischung aus Skistation mit Panorama-Restaurant, Businesszentrum und außerirdischer Raumstation mit privatem Helikopterlandeplatz. Böse Zungen behaupten, Iwanischwili besitze neben seiner Kunstsammlung auch einen Haifisch und ein Zebra.
Ich setze mich unter eine Himalaya-Zeder. Sie spreizt ihre Äste wie Finger und große Zapfen liegen wie Ostereier auf ihren Ästen. Vor mir liegt ein kreisförmig angelegter Blumengarten mit einem runden Becken in der Mitte, in dem eine antike Schönheit aus Stuck neben einem Hummer sitzt und mit einem Dreizack aufs Wasser zielt, in dem Frösche quaken. Kurze Zeit später beginnen zwei Frauen unter Bäumen mit Lockerungsübungen und praktizieren dann eine Art Tai-Chi. Der Morgenwind streicht über meinen Körper und gibt ihm einen Hauch von Kontur.

Ich lausche einem Gespräch zwischen dem Hummer und den Fröschen. Die Frösche quaken über die strahlende Zukunft von Tiflis. Der Tourismus nehme stetig zu, plappern sie die Erfolgsmeldungen in den Zeitungen nach, die Georgiens clevere Tourismuspolitik rühmen. Die Regierung sei gut beraten, den Botanischen Garten neuen Tourismuskonzepten anzupassen. Mehr Unterhaltung liege im Trend und Erholungszonen böten auch ihnen neue Lebensmöglichkeiten und Fun. Der Hummer verharrt genervt in seinem Panzer, nur seine Fühler vibrieren in der Luft. Er ist des Gequakes müde. Georgische Frösche sind Großmäuler und zeigen wie georgische Männer gerne ihre beachtlichen nackten Bäuche, ein ästhetisches Ärgernis. Bis im Dezember 2015 hatte sich der damalige Direktor des Botanischen Gartens abends gerne zu ihm und der antiken Schönheit an den Beckenrand gesetzt und ihnen manchmal von seinen Sorgen erzählt. Der Direktor liebte die Ruhe des Gartens, seine verschiedenen geografischen Zonen, die halbwilde Macchie und die in Reih und Glied stehenden Zypressen und spazierte manchmal mit dem Hummer durch den Park, derweil die antike Schönheit aus Langeweile ein paar Frösche aufspießte. Ende des Jahres wurde der Direktor entlassen. Vorneweg ohne Grund, doch war ihm klar, dass seine Opposition gegen eine Umzonung des Botanischen Gartens zu seiner Entlassung geführt hatte.

Der Garten zählt zu den geschützten Monumenten. Im 17. und 18. Jahrhundert waren hier die königlichen Gärten, im 19. Jahrhundert wurde ein medizinischer Garten angelegt und man setzte verschiedene Frucht- und Zierbäume dazu. 1845 wurde der medizinische Garten zum Botanischen Garten umbenannt. Und nun soll er in eine touristische Zone verwandelt werden, weil dies dem illustren Nachbarn Bidsina Iwanischwili und dessen weiteren Projekten etwas weiter das Tal hinauf dient. Dort tragen derzeit Bagger Wald und Felsen für sein stark kritisiertes „Panorama"-Projekt ab und verändern damit die Silhouette der Stadt massiv. Das „Panorama"-Projekt besteht aus einem Luxushotelkomplex und weiteren gesichtslosen Gebäuden mit den unausweichlich transparenten Glasfronten, die seit Mikhail Saakaschwili zum Markenzeichen eines modernen Georgiens geworden sind. Das Projekt verändert nicht nur die Stadtsilhouette, zumal eine Seilbahn aus der Stadt zu ihm hinaufführen soll, sondern auch das Tal, das zum Botanischen Garten führt. Doch so weit sehen die Frösche nicht. Sie spazieren nicht im Park. So sehen sie nicht, dass der oberste Abschnitt des Bachs, der später durch den Botanischen Garten fließt, nicht mehr zugänglich ist. Ein idyllischer Spazierweg hatte durchs Tal geführt. Jugendliche hatten eine Kletterwand angelegt und sich dort gerne am Feuer auf ein Bier getroffen. Nun ist diese öffentliche Idylle Privatgrund geworden.

Und vor kurzem wurde publik, dass am Ende des Botanischen Gartens zwei Zonen von vier Hektar mit Iwanischwili „ausgetauscht" worden sind. Kurz darauf wurden 29 Hektar des Gartens für eine „recreational zone" zur Auktion ausgeschrieben und von mit Iwanischwili verbandelten Investoren verkauft, die dank der zusätzlichen vier Hektar von Iwanischwili nun einen massiven Bodengewinn verzeichnen konnten. Zwar versuchte der Hummer den Fröschen zu erklären, dass die Verscherbelung öffentlichen Raums auch für ihre Zukunft nichts Gutes verhieß, weil man in einer Touristenzone wahrscheinlich Goldfische statt Frösche aussetzen würde. Aber die Frösche sahen nur die unzähligen, durchs Wasser schwänzelnden Kaulquappen, die ihrer Spezies eine große Zukunft versprachen.
Ich schüttle den Kopf. Die Präsidenten veränderten mit ihren Glasmonumenten das Stadtbild in kurzer Zeit massiv. Mikhail Saakaschwili hat einen Präsidentenpalast am Nordhang gebaut, der eine Mischung aus Deutschem Reichstag und Weißem Haus darstellt. Iwanischwili antwortete darauf mit seiner außerirdischen Raumstation auf dem südlichen Hügelzug, weit über dem Präsidentenpalast. Im Rike-Park unter dem Präsidentenpalast baute Saakaschwili das Musiktheater und eine Ausstellungshalle. Sie stehen bis heute leer und sehen aus wie Riesendärme. Ihre gesamte Glasoberfläche über-

zieht Staub. Zur Freude von Jugendlichen, die auf den Eingang zur leeren Ausstellungshalle Staubgraffiti schreiben. Zwischen Rike-Park und Altstadt schlägt die Friedensbrücke ihre Welle. Einen größeren Gegensatz als den zwischen den Altstadthäusern aus Holz und Backstein und dem Brückengebilde aus getöntem Glas und Hightech-Materialien kann man sich nicht vorstellen. Die Form ihres Daches hat ihr den Spitznamen „always ultra" eingebrockt. Ihre Bewegung gleicht einem wabernden Kraken auf Stelzen und erinnert vage an eine auf Turbo getrimmte Schnecke mit einem zum Kuss geschürzten Mund. Die Hightech-Materialien verströmen den Charme von Rolltreppen und Fließbändern in Shoppingmalls und Flughäfen. Sie reduzieren Menschen zum Transportgut und wirken schon wenige Jahre nach ihrer Erstellung in den Jahren 2009 bis 2010 abgenutzt und billig. Saakaschwilis Bauten haben eine kurze Halbwertszeit. Solche Gebäude entwickeln keine Patina, nur Staub und Regenschlieren.

Noch ist der Botanische Garten ein friedlicher Ort. Die beiden Frauen haben ihr Tai-Chi beendet. Ich folge ihnen über den Hügel in die Stadt zurück. Die Zeder bleibt, als wäre nichts gewesen außer Wind, der durch ihre gespreizten Finger streicht. Derweil gräbt sich auf dem südlichen Hügel das Panorama-Projekt in den Felsen hinein und erklärt ein Stück Bach und Tal zum Privatgrund.

DER STERN

Im Tifliser Staatsmuseum für Volkskunst und angewandte Kunst hängen zwei Sterne. Hellblau leuchten sie aus der Ecke zweier Mosaikfragmente aus stilisierten Blumenranken hervor. Sie flankierten einst die Fassade eines persischen Palastes. Die beiden Sterne aus zwei ineinander verflochtenen Dreiecken sind umgeben von islamischen Ornamenten und erzählen von einer Zeit, in der sich in Tiflis Christentum, Islam und Judentum verbinden konnten, so als gäbe es nur einen Gott. Ich nenne den sechseckigen Stern deshalb nicht Davidstern. Zum einen, weil auch andere Religionen zwei ineinander verflochtene Dreiecke als Symbole verwenden, zum andern, weil Sterne am Himmel für alle scheinen.

Der Palast mit den Sternen gehörte Agha Mir Fatah (1794-1852). Er trug den Titel eines Mudschtahid, weshalb sein Anwesen auch Mudschtahid-Palast und -Garten genannt wurde. Ein Mudschtahid ist der höchste spirituelle Führer eines Ortes und Agha Mir Fatah war Mudschtahid von Täbriz im Nordiran gewesen. Agha Mir Fatah überzeugte die Bewohner von Täbriz während des Russisch-Persischen Krieges davon, die Stadt kampflos den Russen zu übergeben. Deshalb musste er im Jahre 1828 aus Persien fliehen und ließ sich in Tiflis nieder, das damals vom Russischen Reich zur führenden Verwaltungsstadt im Südkaukasus ausgebaut wurde. Der russische Zar beschenkte ihn reich für seine Dienste und ernannte ihn noch im selben Jahr zum ersten Führer des ersten muslimischen Komitees im Kaukasus. Seine Aufgabe bestand darin, Informationen über Muslime im Kaukasus zu sammeln und sie ins Russische Reich zu integrieren. Dies wurde besonders während des Russisch-Türkischen Krieges in den Jahren 1828 und 1829 wichtig, als er die Muslime dazu aufrief, sich zum Russischen Reich zu bekennen, das alle Religionen für gleich heilig erachte, wie er verlauten ließ.

Seine prominente Stellung erlaubte Mir Fatah die Errichtung einer üppigen Residenz, die von einem mondänen Garten umgeben war. Darin befanden sich Cafés wie in Paris und allerlei Vergnügungsmöglichkeiten, weshalb der Mudschtahid-Garten auch gerne „Bois de Boulogne" von Tiflis genannt wurde. Am Freitagabend versammelten sich die muslimischen Einwohner von Tiflis im Park zum Konzert. Richard Wilbraham, der Mir Fatah im Jahre 1837 besuchte, beschrieb das Wohnzimmer des Palastes mit folgenden Worten: „I was ushered into a room, which reminded me of the toy-shops in the Soho Bazaar. In the center stood a large table covered with every variety of ingenious but useless knick-knacks, and the shelves, which lined the wall were filled with curious dresses, swords, helmets, models of machinery, and bottled reptiles. It was dangerous to move for fear of demolishing some of these fragile toys. No less than sixteen canaries, suspended in cages from the ceiling, were striving to outsing each other, and three large clocks, with sundry loud-ticking watches, contributed to render conversation almost hopeless."

Eine Legende erzählt, dass Mir Fatah seiner georgischen Frau Nino wegen nach Tiflis gezogen war. Er hatte sie auf Istanbuls Sklavenmarkt gekauft und Nino hoffte, in Tiflis ihre Eltern wiederzufinden. Als sie hörte, dass diese gestorben waren, wurde sie krank und starb nach kurzer Zeit. Der Mudschtahid begrub sie vor dem ehelichen Haus und pflanzte Blumen und Bäume um ihr Grab. So entstand der Mudschtahid-Garten. Ein Grab sucht man dort jedoch vergebens und der Palast wurde zerstört. Nur das Mosaik im Museum und zwei ebenfalls ausgestellte farbige Glasfenster mit blau, weiß und gelb leuchtenden Sonnenornamenten in dunklen Holzrahmen erinnern noch an das Anwesen und an einen Mann, der wie ein Stern für kurze Zeit im öffentlichen Leben von Tiflis leuchtete. Auch die Stadt Tiflis selbst wurde immer wieder zerstört. Kein Wunder, dass eine Ruine, die ursprünglich von Sassaniden gebaute Narikala-Festung, das traditionelle Wahrzeichen der Stadt bildet. Kaum ein Gebäude geht vor das 19. Jahrhundert zurück, weil die Stadt im Jahre 1795 zum letzten Mal von den Persern praktisch vollkommen zerstört worden war. Mit dieser Zerstörung gingen die orientalischen Flachdächer verloren, auf denen Frauen Teppiche auslegten und sich zu Plaudereien trafen. Wahrscheinlich verschwand damals auch die persische Sitte, dass Männer Haare, Bärte und Fingernägel, Frauen auch die Hände rot färbten. Reisende, die Tiflis zu Beginn des 19. Jahrhunderts besuchten, schrieben, Tiflis sei wenig mehr als eine Ruine. Dasselbe gilt noch heute für die Altstadt, wo zwei Drittel der Häuser in schlechtem bis unbewohnbarem Zustand sind. Nun könnte man als Gegenbeispiel auf den Agmaschenebeli-Boulevard in der Neustadt verweisen, dessen herausgeputzte Fassaden sicher keine Ruinen sind. Doch sind diese Fassaden nur die verputzten Schauseiten von gänzlich unrenovierten Rückseiten, einer Welt der Holzbalkone und verglasten Loggien. Ist das moderne Tiflis ein Fake, ein Potemkinsches Dorf? Gibt es Tiflis überhaupt anders denn als Ruine oder Mosaikfragment?

Des Mudschtahids Stern fiel schnell. Mit den Nachfolgern der russischen Regierung in Tiflis verstand er sich nicht mehr, bald wurde sein Name nur noch als der einer Privatperson genannt. Er zog nach Istanbul und kurz darauf nach Täbriz zurück, während seine fünf Frauen und Kinder in Tiflis blieben. Als ich die Direktorin des Museums fragte, wie sie sich die hellblauen Sterne auf dem Mosaik erklärt, erzählte sie mir, dass sich der Mudschtahid als Nachfolger der georgischen Könige sah, die sich selbst legendärerweise in die Nachfolge von König David stellten. Eine solche Abstammung hob seinen sozialen Status in der Gesellschaft von Tiflis und fand in den Sternen, die seinen Palast einrahmten, einen prominenten Ausdruck.

Dass ein Perser sich öffentlich mit einem Davidstern schmückt und sich in den Stammbaum jüdisch-christlicher Könige einreiht, sagt viel über das Nebeneinander und die Verflechtungen von Religionen und Bevölkerungsgruppen im Tiflis des 19. Jahrhunderts aus. Juden, Muslime und Armenier oder Griechen sprachen Georgisch. Perser arbeiteten in den von Puschkin gerühmten Bädern von Tiflis, die Armeniern gehörten und heute ein touristisches Aushängeschild Georgiens sind. Der persische Pilger Mirza Mohammad Hossein Farahani notierte im Jahre 1885 über die Vermischung religiöser Bräuche und die Adaption christlicher Sitten durch Muslime: „Muslime sind dort wie Christen. Sie folgen den muslimischen Essregeln nicht. Sie essen christliche Nahrung und Tiere, die von Christen geschlachtet wurden, und sie trinken verschiedene alkoholische Getränke." Mehr noch nahmen Muslime an christlichen Festivitäten teil und verehrten in einem Fall gar denselben Ort, wenn auch einen anderen Heiligen. Christen verehrten in der Davidskirche am Abhang des Mtatzminda-Berges am Fest Mamadavitoba den syrischen Mönch David, welcher der Legende nach dort in einer Höhle gelebt hatte, bevor er sich in der Einöde von David Garedscha niederließ, wo er ein Kloster gründete. Muslime sahen den Mtatzminda-Berg als Begräbnisort von Scheich Sanan an, einem halblegendären mittelalterlichen Theologen und spirituellen Führer. Gemäß einer persischen Legende in georgischer Version trat der Scheich aus Liebe zu einer georgischen Christin zum Christentum über, starb in Tiflis und wurde an den Abhängen des Mtatzminda-Berges beerdigt. So pilgerten im 19. Jahrhundert Christen und Muslime zum selben Ort und verehrten je ihren Heiligen.

Heutzutage erinnern nur noch drei Kirchen mit Glockenturmdächern aus himmelblauen Kacheln an das Blau des Sternes und an den bedeutenden Einfluss persischer Kultur in Tiflis. Die älteste Kirche der Stadt zeigt noch

ein Nebeneinander von islamischen und christlichen Architekturelementen. Ein massiver zweistöckiger Kubus mit einem weit gespreizten, kaum mehr spitzen Bogen versteckt die basilikale Antschiskhati-Kirche geradezu. Der Kubus sieht aus wie das Eingangstor zu einer Medrese. Eine Plakette über dem Eingang bezeichnet ihn als charakteristisches Denkmal spätfeudalistischer Zeit aus dem Jahr 1675.

Vielleicht war Agha Mir Fatahs Palast ein Gebäude *avant la mode* oder zwischen zwei Orientmoden. In der zweiten Hälfte des 19. Jahrhunderts wurden russische Boulevards gebaut und ein eklektizistischer Stil mit Orientalismen wurde Mode, zu deren Markenzeichen Hufeisenbögen und Sterne aus zwei Vierecken wurden. Achteckige Sterne bilden die Fensterrosen des Funikulars auf den Mtatzminda-Berg, sie schmücken die Oper und viele Privatgebäude im orientalisierenden Stil. Aus einem Jugendstilhaus in der Altstadt mit einem verglasten Treppenhaus strahlen farbige Sonnen und viereckige Sterne. Nur den Eingang und die Spitze der Synagoge an der Leselidse-Straße sowie ein koscheres Restaurant zieren noch sechseckige Sterne.

Die einst starke persische Präsenz in der Altstadt bleibt in gewundene Straßen, Sackgassen und Gebäude ehemaliger Karawansereien eingeschrieben. Von den beiden Moscheen der Stadt ist diejenige im Saidabad-Quartier erhalten geblieben, in dem sich die Schwefelbäder befinden und wo traditionellerweise Perser wohnten. Als der Handelsplatz, Moedani genannt, nach dem Zweiten Weltkrieg umgestaltet und die Metechi-Brücke gebaut wurde, fiel diesen Veränderungen die sunnitische Moschee zum Opfer. Deshalb erlaubten die Schiiten den Sunniten ab 1950, in ihrer Moschee zu beten. Seither ist die Moschee im Saidabad-Quartier in einen sunnitischen und in einen schiitischen Flügel unterteilt. Sterne gibt es an ihrer Fassade nicht. Wäre da nicht das Minarett, man glaubte sich vor einer christlichen Kirche mit gotischen Bogenfenstern.

Doch wem gehören Bögen, Sterne oder Plätze, frage ich mich im Mudschtahid-Garten. Werden Plätze automatisch muslimisch-orientalisch, wenn sie Moedani genannt werden, also Maidan, was auf Arabisch „offener Platz" bedeutet? Und wird ein Platz russisch, wenn er Ploschad heißt? Der Mudschtahid-Garten ist noch immer ein Vergnügungspark, wenn auch nicht mehr für die Bourgeoisie und Kutschen. Es ist Ferienzeit und Erwachsene flanieren hier mit Kindern. Für kleine Kinder stehen Bienen- und Kängurusessel auf Karussells bereit, für Ältere Achterbahnen oder Sitze, die in den Himmel schießen. Ich setze mich auf die Bank neben dem Himmelschussgerät und denke an Agha Mir Fatahs Stern, der gefallen war. Der Betreiber des Himmelschussgeräts füttert neben mir abwechslungsweise die Tauben oder verjagt sie, um ihnen im nächsten Moment wieder Futter zu geben. Ich werde nicht schlau aus seinem Verhalten. Als ich aufstehe, fragt er, ob ich Hilfe brauche. Ein Wort gibt das andere und ich frage ihn über seine Taubenfütterungs-und-verscheuchpraxis aus. Er verscheuche die Vögel keineswegs. Sie kämen jeden Morgen. Aber die eine lasse der anderen kein Futter, deswegen vertreibt er sie zwischendurch.

Ich verlasse den Park mit dem befreienden Gefühl, kaum etwas „richtig" zu verstehen.

DIE GRÖSSERE FORM

Noch heute ist es üblich, dass Georgier zu einem feierlichen Essen in einem Restaurant ihren eigenen Wein mitbringen. Der eigene Wein ist alles. Georgier behaupten, sie hätten den Wein erfunden, und sind da wie üblich im Streit um den ersten Platz mit den Armeniern, denen Noah den Wein brachte. Wein ist in Georgien omnipräsent. Weinrankenreliefs überziehen die Fassaden von Kirchen und Weinpergolen umgeben die Landhäuser. Die Bedeutung des Weins zeigt sich auch in riesigen Tongefäßen, die Kwevri genannt werden. In ihnen wird Wein noch so vergoren und aufbewahrt wie vor Jahrtausenden, als die Menschen in dieser Gegend sesshaft wurden und entdeckten, dass zerquetschte Trauben sich in Wein verwandeln, wenn man sie ihrer Natur überlässt.

In Kachetien, der größten Weinanbauregion Georgiens östlich von Tiflis, liegen ausgediente Kwevris oft im Umkreis von Privathäusern, Kirchen und Klöstern herum. Kwevris sind dicke Amphoren, die in Kegelspitzen enden. Wenn sie im Gras liegen, sehen sie aus wie

Besoffene, die sich um die eigene Achse drehten und kippten. Dann liegen sie da, schlafen ihren Rausch aus und ihre kreisrunden Öffnungen mit den wulstigen Lippen gähnen mir entgegen, als sei ihnen eben ein zufriedener Rülpser entschlüpft. Es mag an ihrer kokonähnlichen Form liegen, dass sich Diogenes einen Kwevri als Wohnstätte gewählt hatte. Entgegen vieler Darstellungen wohnte er nicht in einem Holzfass, das erst später erfunden wurde. Nachdem ich mich selbst in einen solchen Kwevri gelegt hatte, gab ich ihm recht: In diesen urtümlichen Gefäßen fehlte einem nichts außer Sonne.

Ich sah Kwevris, die 1.300 Liter Wein fassten, und die waren schon 2,20 Meter hoch und so schwer, dass nur ein Riese sie tragen könnte. Es gibt noch größere mit einem Fassungsvermögen von 4.000 Litern Wein. Damit sprengen Kwevris übliche Gefäßnormen und ihre Größe demonstriert, dass sie für Bedeutendes bestimmt sind. Denn Wein hat die Mensch-

heit seit alters her zu Großem inspiriert. Zur Vorstellung einer Riesentraube etwa, die dem jüdischen Volk den Reichtum des Gelobten Landes zeigte. Zu ekstatischen dionysischen Gelagen und anderem mehr. Dass ein solcher Wein das Fassungsvermögen eines kommunen Gefäßes übersteigt, leuchtet ein. Bedeutungsgröße verlangt nach einer großen Form. Nur noch fünf Männer in Georgien beherrschen das Handwerk der Kwevri-Herstellung. Ich besuchte einen von ihnen im Weinort Telawi. Godscha Kabilschwili war gerade dabei, acht je 2.000 Liter fassende Kwevris zu töpfern. Sie werden 2,30 Meter hoch und haben einen maximalen Durchmesser von 1,60 Metern. Drei Monate dauert ihre Herstellung, weil Godscha der Stabilität wegen jede neue Schicht Ton antrocknen lässt und so nur jeden dritten Tag eine weitere Schicht aufsetzen kann. Auch der Brennprozess ist aufwändig. Vier bis fünf Personen helfen Godscha beim Transport der Kwevris zum garagengroßen Brennofen aus Ziegelsteinen neben seiner Werkstatt. Der Brennvorgang selbst dauert zehn Tage. Dazu wird der Eingang zugemauert. Nur ein Loch in der Mitte auf Bodenhöhe bleibt offen. Dort schiebt Godscha angezündete Holzscheite hinein. Nach drei Tagen folgt glühende Kohle. So steigt die Brenntemperatur langsam an. Die Kwevris beginnen zu schwitzen und werden langsam gebrannt.

Dank seiner südlichen Lage gedeiht Wein in Georgien hervorragend. 500 von weltweit insgesamt 4.000 Traubensorten wachsen hier. Es ist wohl seiner riesigen kulturellen Bedeutung zu verdanken, dass Wein noch heute in Kwevris hergestellt wird. Zwar sind große Kellereien durchaus zu westlichen Produktionsmethoden übergegangen und verwenden Stahltanks oder Fässer und Hilfsmittel wie Zuchthefen und Schwefel. Aber viele Winzer halten daran fest, Wein auf georgische Art zu bereiten. Das bedeutet, ihn mit der Maische und ohne jedwede Zusatzstoffe im Kwevri zu vergären und reifen zu lassen.

Als ich in Kachetien die Marani genannten georgischen Weinkeller besuche, glaube ich mich eher in einer Küche als in einem Keller. Maranis liegen ebenerdig. Ihr Boden ist mit Öffnungen von aufrecht in der Erde vergrabenen Kwevris übersät. Ein Mann rührt mit einer riesigen Kelle und langsamen Bewegungen in der gärenden Masse. In verschlossenen Kwevris lagern frühere Weinjahrgänge. Die meisten Kwevris sind noch leer. Jungen Vögeln mit wulstigen Lippen gleich strecken sie ihre aufgesperrten Münder aus der Erde, als würden sie nach Nahrung verlangen. Auch wenn sie keine Tiere sind, muten sie lebendig an, zumal Ton luftdurchlässig ist und Kwevris somit in gewisser Weise atmen. Als ich in einen Kwevri hineinschaue, blickt mir von weit unten ein Mann mit dunklen Augen und muskulösen Schultern entgegen. Träume ich oder bin ich beduselt vom Alkoholgeruch in der Luft? Sind die Kwevris etwa Gebärmütter und der Marani keine Küche, sondern eine Männerbrutanstalt? Doch sieht der Mann erwachsen aus. Er reinigt das Gefäß mithilfe von Schläuchen und Scheuergeräten. Da man Kwevris nicht bewegen kann, ist ihre Reinigung viel aufwändiger als die eines Fasses. Kein Wunder, dass man überall sonst auf der Welt aufs Fass umgestiegen ist.

Wein ist eine Männerdomäne. Meist wird der Traubenmost mit der gesamten Maische in die Kwevris gefüllt und bleibt dort, bis der neue Wein geboren ist. Ohne Trester wären die Trauben *udedo,* ohne Mutter, wie es auf Georgisch heißt. Georgische Winzer werden nicht müde zu betonen, dass sie dem gärenden Saft nichts beifügen, weder Schwefel noch Zuchthefen, weil „Mutter Natur" für alles sorgt. So beginnt der Gärvorgang spontan mit den ortsspezifischen Hefekulturen, die es in jedem Weinberg und Weinkeller gibt. Die Masse beginnt zu brodeln und schwillt an. Damit die Gärung gleichmäßig vonstattengeht, wird täglich gerührt, bis die alkoholische Gärung zu Ende ist und die Masse sinkt. Ein letzter Schluck Most bis zum Hals, dann werden die

Kwevris verschlossen. Dunkelheit breitet sich in der Weinküche aus. Doch schläft sie nicht. Die Kwevris garen den Wein, langsam und länger als jeden Eintopf, bei gleichbleibender Erdentemperatur. In dieser Zeit sinkt über Monate hinweg die oben im Topf schwimmende Maische langsam in den Kwevri-Bauch hinein, würzt und klärt den Wein und lagert sich, Sedimenten gleich, am Boden ab, zuunterst die Kerne, dann die Stiele und die Haut.
Bis der Wein reif ist, bleibt der Deckel zu, außer der Winzer glaubt, sein Wein brauche Hilfe. Der Mensch helfe nur bei diesem Prozess der Verwandlung. Sie könnten es nicht besser machen als die Natur, meint Winzer Jago.
Doch wo verläuft die Grenze zwischen Natur und Kultur? Sie ist unsichtbar und fließend. Hefe und Inspiration befruchten sich gegenseitig und lösen sich in einem Riesentopf im Wein. Mir bleibt das Bild des in der Weinküche tätigen Mannes. Mit einer Riesenkelle rührt er langsam in einem Topf, den er nicht sieht, weil er vergraben liegt. Vom Duft der gärenden Masse befruchtet, gebärt er Dinge, die er letztlich nicht versteht – und doch begreift er, dass er sich mit Wein im Kwevri eine größere Form gibt.

NACHTFALTER

Tagsüber schlafen Nachtfalter und Hunde. In der Dämmerung erwachen sie und strecken ihre Fühler oder Ohren aus, nachts ziehen sie auf der Suche nach Nahrung ihre Runden. Abends strecke auch ich Antennen aus und streife auf der Suche nach Nahrung durch Tiflis. Ich nehme Wege, die mich nirgends hinführen. Und trotzdem finde ich ab und zu Dinge, die sich nur zeigen, wenn ich bereit bin, den Weg zu verlieren.

Zur Zeit des allabendlichen Gottesdienstes stehen viele Leute auf dem Platz um die Sioni-Kathedrale. Weil sich in der Kathedrale wichtige Reliquien befinden, unter anderem der Schädel des Apostels Thomas und das Weinrebenkreuz, mit dem die Heilige Nino Georgien christianisiert hat, gehört sie zu den heiligsten Stätten der georgischen Orthodoxie. Lautsprecher übertragen die Messe auf den Platz. Eine Frau steht vor der Kirchenmauer und küsst sie. Mich verwundern die vielen Wasserhähne entlang der Wand neben dem freistehenden Glockenturm. Stünde nicht „heiliges Wasser“ auf einer Plakette, glaubte ich mich vor einer Moschee und wüsche mir die Füße. Aus der Menge dezent farbiger Kopftücher sticht ein Kopftuch in pink hervor. Eine leuchtende Farbe, wie man sie in Tiflis selten sieht. Die Farbe zieht mich an wie Insekten das Licht. Als sich die Frau mit dem pinkrosa Kopftuch ihrer Nachbarin zuwendet, sehe ich ein Gesicht mit hohen Wangenknochen, einer Falkennase, dunkelbraunen Augen und elegant geschwungenen Augenbrauen. Am meisten überrascht mich ihre Haut. Sie hat den Glanz von Jahr für Jahr poliertem Tropenholz, das mit jeder Lasur an Tiefe und Ebenmäßigkeit gewinnt. Der Begriff Teint kommt mir plötzlich in den Sinn, als ob der tiefe Glanz ihrer Haut einen Laut auf meine Zunge gelockt hätte, der ähnlich klingt. Ich hatte von der Schönheit der Tscherkessinnen gelesen, die bevorzugt in den Harem des Sultans von Istanbul verkauft wurden, und nenne sie Tscherkessin. Die ursprünglich im Nordkaukasus beheimatete Volksgruppe lebt heute in verschiedenen Ländern verstreut.

Widerwillig reiße ich mich von ihrer Erscheinung los und verliere mich mit dem Klang von Teint auf der Zunge in den Gassen der Altstadt. Kinder spielen in den Straßen, der Duft von Fladenbrot steigt aus einem Kellerfenster empor. Ich stelle mich ins Licht von Straßenlaternen, doch gerate ich nirgends in Schwingung. Als die Messe vorbei ist, stehe ich wieder vor der Kirche. Der Platz ist fast leer, der Duft von Weihrauch liegt noch in der Luft. Aus der Kirche verflüchtigt sich diffuses Licht, ich gehe hinein. Ikonen flackern im Kerzenschein. Eine Frau sitzt in ein Gebetbuch vertieft auf der Bank neben dem Eingang. Eine andere dreht ihre Runde vor den Ikonen, berührt Bilderrahmen, verbeugt sich bis auf den Boden. Große Stille füllt den Raum. Auch ich drehe eine Runde. Plötzlich zieht mich eine Ikone an. Ihre Schönheit ist fremd und unantastbar. Keinem Sultan untertan, flackert sie im Licht. Ikonen und Menschen sind wie Musik, ihr Kern Schwingung, die alles anstößt, was sie trifft.

Ich gehe weiter, an der Antschiskhati-Kirche mit dem islamischen Torbogen und den Weinrebengittern vorbei, und nehme die Unterführung, die beim Orbeliani-Platz oberhalb des Blumenmarktes hochkommt. Die Nacht ist noch jung. Das ist die Zeit, in der die Straßenhunde ihre Orientierung verlieren. Wie alle Straßenhunde schlafen sie tagsüber friedlich und bellen spätnachts aggressiv. Sind die Plätze und Straßen nachts noch belebt, fallen manche Hunde nur halb überzeugt von einem Modus in den andern. Manche dösen noch eingerollt auf den Rasenflächen des Orbeliani-Platzes. Andere stehen schon in kleinen Gruppen herum, ähnlich wie Taxifahrer dies hier tagsüber tun. Die letzten Blumenhändler räumen ihre Waren ein. Überquert jemand den Platz, bellen die Hunde inkonsequent, als könnten sie sich nicht entscheiden, wofür und wogegen zu bellen sich lohnt.

Eine junge Frau mit einer Tasche auf dem Rücken mischt sich plötzlich zwischen drei Hunde. Die Hunde umringen sie und bellen sie an. Sie streichelt sie, als ob sie damit eigene Ängste beruhigen wollte. Ich gehe weiter, doch irritiert mich die Frau und ich drehe um. Nun sitzt sie am Wegrand auf der halbhohen Steinmauer und streichelt die ruhig gewordenen Hunde. Ein Mann nähert sich, und wieder bellen sie. Davon unbeeindruckt, bleibt auch er zwischen ihnen stehen, redet mit ihnen und streichelt sie. Nun bellen und wedeln sie gleichzeitig. Der Mann setzt sich der Frau gegenüber an den Wegrand. Er raucht eine Zigarette mit der einen und streichelt mit der anderen Hand. Sie unterhalten sich, während die Hunde um die Wette wedeln. Als ein Radfahrer mit Karacho über den Platz fährt, stieben sie ihm nach und bellen ihn so schnell weg, wie er gekommen war.

Ich setze mich in ihre Nähe. Schräg gegenüber von mir erhebt sich eine Frau unbestimmten Alters mit weißen kurzen Haaren. Sie kommt auf mich zu und fragt die üblichen Dinge. Ihre Tochter sei im Spital, sie brauche fünf Lari, ich gebe sie ihr. Sie heißt Nelli und sagt, ich solle vom Steinrand aufstehen und mich auf die Bank setzen, sonst werde ich von den kalten Steinen krank. Ich antworte ihr, ich würde nun nach Hause gehen. Sie meint, ich solle den Bus Nummer 20 nehmen, denn laufen sei zu weit. Ich gehe zu Fuß, weil Nachtfalter die Weite der Nacht brauchen, um Nahrung zu finden.

DAS FREMDE GEWÜRZ

Georgien ist ein Land, das zu wenig weit weg liegt, als dass die Dinge ganz fremd würden. Und doch befremdet mich vieles ein wenig. Es sind leichte Verschiebungen, die neue Wahrnehmungsmöglichkeiten eröffnen.
Auf dem Deserter Basar südlich des Hauptbahnhofs, wo in den 1920er-Jahren desertierte Soldaten ihre Ausrüstung verkauften, sah ich zu Girlanden aufgefädelte Tagetesblüten. Solche Girlanden aus frischen Blüten kenne ich aus Indien, wo sie vor Tempeln als Schmuck für Gottheiten verkauft werden. Als ich die Verkäuferin fragte, wofür man diese Blüten verwende und weshalb man sie aufziehe, zuckte sie nur etwas verständnislos mit den Schultern. Chilis und Kakis wurden zum Trocknen auch aufgefädelt. Im Übrigen hießen die Blüten *grusinski Schapran*, georgischer Safran. Sie waren also etwas typisch Georgisches, so viel war klar. Erst als mir die Frau vom benachbarten Gewürzstand Safranfäden zeigte und erklärte, dies sei persischer *Schapran* und viel teurer als der georgische, begriff ich, dass Tagetesblüten ein

billiger Safranersatz sind. Sie geben vielen Gerichten eine gelbe Farbe und einen dezent süßlichen Geschmack. In Mexiko, von wo sie ursprünglich herkommen, sind Tagetes als Totenblumen bekannt, in Europa schützen sie Gemüsebeete gegen Schnecken, in Indien schmücken sie Gottheiten und in Georgien färben sie Gerichte gelb. So leicht rutscht eine scheinbar bekannte Blüte in gänzlich andere Verwendungszwecke und Wahrnehmungsmöglichkeiten hinein.

Ähnlich wie den georgischen Safran hat sich Georgien im Laufe der Geschichte viel Fremdes zu eigen gemacht, so dass es typisch georgisch erscheint. Dies hat den Schriftsteller Clemens Eich in seinen *Aufzeichnungen aus Georgien* zur Bemerkung veranlasst: „Alles ist georgisch. Die Fische sind georgisch, die Griechen sind georgisch, Kolchis ist georgisch. Manchen Georgier stimmt es traurig, dass es noch etwas anderes geben könnte als Georgien." Umso seltsamer mutet es an, dass die Georgier ihr wohl typischstes Gewürz „fremdes Gewürz" nennen und nicht etwa georgisches Gewürz. Fremdes Gewürz ist die wörtliche Übersetzung von *utskho Suneli.*

Das fremde Gewürz und noch mehr sein Name fasziniert mich, sind doch Gewürze an sich der Inbegriff fremder Düfte und Reichtümer. Ein explizit fremd genanntes Gewürz versprach deshalb eine besonders intensive Würze. Vielleicht war es gar eine Geheimwaffe gegen Alltagsfadheit, ein Ersatz für Reisen

in exotische Länder mit der Fähigkeit, Bekanntes so zu würzen, dass es wieder unbekannt und offen für neue Deutungen wurde.
Georgische Gewürzstände sind wahre Aromaexplosionen. Sie duften von weitem nach stark mit Knoblauch versetzten Curries. Auf den Auslagen türmen sich gelbe, orange bis tiefrote Pulver, darunter viele Paprikas, getrocknete Kräuter wie Basilikum, Thymian oder Bohnenkraut. Der Duft von Wiesenkümmel steigt in die Nase, eine Brise Zimt und Kardamom gehören dazu. In diesen intensiven Duftwelten geht das fremde Gewürz unter. Es duftet nach Liebstöckel, Maggikraut, verdorrten Sommerwiesen und insgesamt nach Gemüsebouillon. Das fremde Gewürz ist ein unauffälliger, beiger, spelziger Samen. Kein exotischer Dandy wie der elegant gerollte Zimt, nicht teuer wie Kardamom und erst recht kein Solist wie die beiden, die jedem Gericht eine unverkennbare Note verleihen. Riecht man wirklich intensiv am fremden Gewürz, ahnt man einen Hauch von Curry. Oder narrt mich nur mein Wunsch nach fremder Würze?
Paradoxerweise ist *utskho Suneli*, obwohl fremd genannt, ein Grundgewürz der georgischen Küche und ein einheimisches Gewächs

dazu. Alle Marktfrauen bestätigen mir, dass sie es für praktisch alle Gerichte, für alle Saucen, einfach für alles verwenden, weil es die Gerichte *gemrieli*, wohlschmeckend, macht. Auf meine Frage, weshalb es denn fremd genannt werde, vermutet eine, das Gewürz sei einst fremd gewesen wie alle anderen Gewürze, die aus Indien kamen. Im Übrigen interessiert meine Frage niemanden.

Meine Recherche ergab, dass das fremde Gewürz vielleicht das einzige Gewürz ist, das genuin georgisch ist, jedenfalls zigmal georgischer als georgischer Safran. Das fremde Gewürz besteht aus den Samen des blau blühenden Bockshornklees, lateinisch *trigonella melilotus caerulea*. In allen umliegenden Ländern wird dagegen der gelb blühende Bockshornklee kultiviert. Er riecht ähnlich wie der georgische, bildet einen wichtigen Bestandteil von Currymischungen und heißt auf Lateinisch *trigonella foenum graecum*. Weshalb erklären die Georgier ihr vielleicht einziges endemisches Produkt zum Fremdling? Ich frage die bekannte Köchin und Restaurantbesitzerin Tekuna Gadschedschiladze nach ihrer Meinung zu *utskho Suneli*. Sie bringt seine Besonderheit so auf den Punkt: „*Utskho Suneli*

wirkt jedes Mal anders, in kalten Gerichten anders als in warmen, wie ein Chamäleon. Manchmal bemerkt man das Gewürz gar nicht, weil es im Gericht untergeht. Man weiß nicht, was man hinzufügt, und trotzdem verändert es das ganze Gericht. Es verstärkt den Geschmack, intensiviert alles. Vielleicht ist mit ‚fremd' also nicht ausländisch gemeint, sondern ‚seltsam' oder ‚unbestimmbar'. Wir haben ein Adjektiv dafür, *sautsko* meint besonders."

Nach Tekunas Beschreibungen wächst dieser unscheinbare Samen in mir immer mehr zu einem Prinzip für die Wirkung des Fremden, welches das Eigene erst sichtbar macht und intensiviert. So gesehen verwundert es nicht,

dass eine weitere Marktfrau meint: „Wir verwenden *utskho Suneli* nie allein." Nur allein bleibt man sich fremd.
Plötzlich steigt romantische Sehnsucht in mir auf. Ich sehne mich danach, die blaue Blüte von *utskho Suneli* in natura zu sehen, und mache mich auf die Suche nach dem Bockshornklee. Wiederum belästige ich Marktfrauen mit der Frage, wo ich die blaue Blume finden kann. Manche beziehen die Samen aus der Gegend von Kutaissi oder vom Schwarzen Meer, andere sagen, sie wachse im Kaukasus. Schlussendlich finde ich die Blume in Tskaltubo, einem Edelkurort aus sowjetischer Zeit. Eine abchasische Flüchtlingsfrau führt mich durch bröckelnde Sanatoriumsgebäude zu ihrem Garten und zeigt auf einen fast hüfthoch gewachsenen Busch, den sie zusammengebunden hat. Die blaue Blume hat lange gezähnte Blätter und sieht etwas struppig aus, Samenstände in Ährenform haben viele Blüten ersetzt. Ihre Blütenköpfe sind nicht so groß und prall wie die kugeligen roten Blüten des Wiesenklees in Mitteleuropa. Ich denke an Novalis und wie er in der blauen Blume das Gesicht seiner zukünftigen Frau entdeckte. Ich entdecke, was ich fast kenne, einen Klee,

der statt weiß, gelb, rot oder violett in Georgien blau blüht. Hat mich der Klee oder meine Sehnsucht nach fremder Würze ins Bockshorn gejagt? Georgien liegt nicht weit genug weg, als dass Dinge traumhaft fremd werden und sozusagen Orchideenblüten treiben. In Georgien erkenne ich immer aufs Neue das leicht fremd gewordene Eigene. Aber sind ein blau blühender Klee und ein Gewürz, das nach Bouillon mit einem Hauch von Curry riecht, nicht erstaunlich genug?

DAS FEUER

Kartlis deda, die Mutter Georgiens, hatte ihr Aussehen satt. Seit dem Jahr 1958 stand sie unverändert auf dem Heiligen Berg über Tiflis. 20 Meter hoch stellte sie tagaus tagein eine seltsam martialische Form von Mutterschaft zur Schau – mit einer Schale Wein in der einen und einem Schwert in der anderen Hand. Ihre Oberarme glichen denen griechischer Helden und ihr giraffenartig langer Stiernacken war hart genug, um Bäume zu fällen. Sie war Größenwahn im sowjetischen Stil und fühlte nichts als große Leere unter ihrer Aluminiumhaut. Manchmal blickte sie auf die Ruine des zoroastrischen Tempels am Abhang des Berges und wünschte sich, die heilige Flamme möge im Tempel wieder entzündet werden. Dann würde sie sich zur Hohepriesterin des Feuers küren, um ihre Kälte zu besiegen. Sah sie nach Norden, erstreckte sich am Horizont der Kaukasus mit dem Berg Kasbeg. Der 5.000 Meter hohe erloschene Vulkan war der Ort, an den der Feuerbringer Prometheus angekettet worden war. Die alten Griechen nannten den Kaukasus das Ende der Welt. Die

Mutter Georgiens fühlte sich erloschen wie der Vulkan und wünschte sich, Prometheus möge ihn und sie entzünden und ihr Aluminium schmelzen.
Zwar stand die Mutter Georgiens nicht allein in ihrer Art. In Eriwan, Kiew und Wolgograd standen weitere Mutter-Heimat-Skulpturen. Die Wolgograder Mutter war das wichtigste Kriegsdenkmal Russlands und verkörperte den kriegsentscheidenden Sieg der Sowjetunion gegen Deutschland im Zweiten Weltkrieg. Selbst in Tiflis war sie nicht die Einzige. Im Vake-Park hielt ein Siegesengel einen Eichenast in die Höhe und blickte vom Endpunkt einer Kaskade auf das Grab des unbekannten Soldaten. Die Zeiten für solche Darstellungen äußerer Größe waren aber längst vorbei, und Mutter Georgien machte sich keine Illusion darüber, dass sie längst auf dem Müllhaufen der Geschichte gelandet wäre, wenn sie nicht so groß und schwer gewesen wäre und ihre Bedeutung verloren hätte.

In der Stadt gab es durchaus Skulpturen mit weicheren Formen. Vor der staatlichen Philharmonie etwa, einem eleganten runden Glasgebäude aus den 1960er-Jahren, schwang die Bronzeskulptur *Muse* graziös ihre Hüfte und schaute mit entspanntem Gesicht auf den Verkehr. Ihr hingegen lag ihr Sixpack wie Steine im Magen und sie blickte mit dem Antlitz griechischer Koren und der unnahbaren Schönheit böser Schwiegermütter in Märchen auf die Stadt. Ihre Augen waren viel zu breit, ihr Mund verschwindend klein, als hätten Mütter nichts zu sagen. Der zur Stirn hin offene Lorbeerkranz auf ihrem Haupt setzte ihr, von der Seite betrachtet, Hörner auf und ihre viel zu langen Beine zeichneten sich unter dem langen Gewand wie Säulen ab. Wie oft hatte sie sich gewünscht, dass sich ihre Beine in lebensspendende Säulen verwandelten, wie diejenigen in der Kathedrale von Mzcheta. In der alten Königsstadt hatte die Heilige Nino das Königspaar zum Christentum bekehrt. Dass nicht irgendwelche Apostel, sondern eine Frau die Georgier zum neuen Glauben

geführt hatte, zeigte anschaulich, dass es in der georgischen Geschichte große Frauengestalten gab, deren Größe nicht durch banale äußere Größe dargestellt wurde.
Als zu Ninos Ehren die erste Kathedrale gebaut wurde, ließ sich ein Baum nicht von der Stelle bewegen. Erst Engeln gelang es, den Baum zu heben und seinen Stamm als Säule an den richtigen Ort in der Kirche zu stellen. Seither hieß die Kathedrale Swetizchoveli, lebensspendende Säule, weil diese Säule heilende Flüssigkeit absonderte. Ihre Säulenbeine hingegen standen leblos da, und selbst ihre Brüste würden nie lebensspendende Flüssigkeit abgeben. Bestenfalls konnten sie als Werbemittel für Brustimplantate Furore machen. Überrund klebten sie an ihrem Körper, lagen viel zu hoch, fast auf Schulterhöhe, und schielten zu alledem noch leicht nach links und rechts, weil sie zu weit auseinanderlagen. Das waren keine Brüste, sondern Kanonenkugeln. Zudem schien niemandem aufzufallen, dass sie die Schale Wein auf Schulterhöhe neben ihren Kanonenkugelbrüsten trug, als würde sie das Gefäß mitsamt den Kugeln auf den Gast werfen wollen, statt ihm eine Schale Wein zu kredenzen. Nur der Schriftsteller

Clemens Eich hatte die despotischen Züge des georgischen Gastmahls und der georgischen Gastfreundschaft erkannt. Er sah in ihnen eine „Diktatur im Kleinen“, ein „überkommenes Ritual mit despotischen Zügen, maskenhaft, erstarrt und ermüdend“. Genauso fühlte sie sich.

Realsozialistische Frauenvorstellungen waren das eine, aber auch die georgische Sprache bekundete ein seltsames Mutterbild. Wie kam es, dass *mama* auf Georgisch Vater bedeutet und *deda* Mutter? Das führte dazu, dass Georgier in Fremdsprachen oft Vater mit Mutter verwechselten. Vielleicht sah sie ja deswegen so männlich aus.

NABRAL, DER KAUKASISCHE HIRTENHUND

Georgien ist ein Land der Legenden und Mythen. Der Kaukasus galt den Griechen als das Ende der Welt. Deshalb schmiedeten sie dem Mythos nach Prometheus an den Kasbeg, einen Vulkan im Kaukasus. Ich fragte mich, ob sich die Stelle seiner Verbannung finden ließ, und fuhr von Tiflis aus in zwei Stunden nach Stepanzminda am Fuße des Kasbeg.

Noch immer kreisen Adler über dem Dorf auf 1.700 Metern über Meer. Im Ort krähen die zahlreichen Hähne. Prometheus' Qualen scheinen verstummt – alte Geschichten. Hier schreien nur noch Katzen, wenn sie kämpfen, bevor oder während sie sich lieben – wer weiß das schon genau? Das Kaff besitzt einen Hauptplatz mit schlafenden Hunden und kleinen Läden. Von morgens bis abends warten Taxi- und Busfahrer auf Kundschaft. Sie fahren Touristen und Pilger zur Dreifaltigkeitskirche oder zur Darial-Schlucht ein paar Kilometer weiter, an der Grenze zu Nordossetien.

Mit seinen 5.047 Metern ist der Kasbeg einer der höchsten Gipfel des Kaukasus. Den erloschenen Vulkan flankieren Gletscher auf allen Seiten. „Eisspitze" wird er deshalb auf Georgisch genannt, wenn man das weiße Dreieck denn sieht. Um den windumtosten Gipfel wechseln Wetter und Stimmungen ständig. Wolken umrahmen, verbergen und entschleiern ihn, schieben den Vorhang zu und zeigen ihn unverändert, regungslos. Ein Berg, der mit Wolkenbetten zusammenstößt. Kalt wie die Unsterblichkeit und still wie Glückseligkeit, hat Ilia Tschawtschawadse den Kasbeg genannt.

Der Kasbeg steht an einem strategisch wichtigen Ort. Wie ein Riegel schiebt sich der Kaukasus zwischen das Schwarze und das Kaspische Meer. Eine einzige, Jahrtausende alte Karawanenstraße überquert das Gebirge. Von Tiflis aus führt sie über den 2.379 Meter hohen Kreuzpass an Stepanzminda vorbei durch die Darial-Schlucht, in der die Griechen das Tor zur Unterwelt sahen. Plinius schrieb, dass die Schlucht mit einer echten Tür verschlossen war.

Seit dem 18. Jahrhundert drang Russland militärisch in den Kaukasus vor und taufte die Straße in „Georgische Heerstraße“ um, weil sie aus russischer Perspektive das Einfallstor in den Süden bildet. Berühmte russische Schriftsteller schufen das Bild vom Kaukasus als einer Grenzzone zwischen Orient und

Okzident. Puschkin machte während des Russisch-Türkischen Kriegs 1829 auf seiner *Reise nach Arzrum* in Stepanzminda Halt und sah dem Fürsten Kasbeg zu, wie er jungen Wein aus einem aufgeblasenen Ochsenfell mit gespreizten Beinen sog. Etwas später sah er 18 Paare ausgemergelter Ochsen eine kleine Wiener Halbchaise über den Kreuzpass ziehen. Leo Tolstoi setzte mit seiner Erzählung *Hadschi Murat* dem Mythos des kaukasischen Kriegers ein Denkmal in dieser umkämpften Region.

Ich frage Einheimische, an welche Stelle genau Prometheus verbannt worden sei, und erfahre stattdessen vom georgischen Helden Amiran. Wie Prometheus wurde dieser an den Kasbeg geschmiedet, jedoch in eine Höhle, zusammen mit seinem treuen Hund, der seither Amirans Eisenketten leckte. Immer, wenn die Kette dünn genug und kurz vor dem Brechen war, hämmerten alle Schmiede der Welt auf ihre Ambosse und stellten ihre alte Dicke wieder her. Doch sind den Einheimischen die alten Legenden egal. Sie haben derzeit andere Sorgen. Eine Steinlawine von einer Million Kubikmetern hat die Darial-Schlucht versperrt, Menschen begraben und Touristen vom Besuch abgehalten.

Im örtlichen Museum, das sich im ehemaligen Wohnhaus des Fürsten Kasbeg befindet, lassen alte Trachten mit Haltern für Patronen über der Brust und reichverzierte Säbel Tolstois Helden aufleben. Eine ungewöhnlich lange Eisenkette an einer Tür aus dem 6. Jahrhundert erweckt meine Aufmerksamkeit. Sie stammt von der Betlemi-Höhle, die auf 4.100 Metern Höhe an einer unzugänglichen Wand am Kasbeg liegt und nur über Eisenketten erreichbar ist. Aus Syrien zurückgekehrte Mönche hatten dort Klausen errichtet und Schätze versteckt. Dazu gehörten Abrahams, Noahs oder Moses' Zelt, je nachdem, wen ich frage, die Wiege von Christus, Kirchenschätze in Kriegszeiten, weil der Kaukasus schon immer auch ein Rückzugsgebiet war. Amirans Höhle hieß eine unter ihnen. Sie lag dort, wo Prometheus und Amiran angeschmiedet worden waren und sich Mönche mithilfe von Eisenketten freiwillig in die Höhe hangelten. Die Eisenketten verbanden solcherart den Prometheus-Mythos mit dem frühen Christentum.

Erneut schaue ich zum Berg hoch. Nun mit Steigeisen, Schlafsack und Proviant. Ich will mit eigenen Augen sehen, wohin Götter verbannt wurden und wo Mönche freiwillig lebten. Auf 3.700 Metern liegt die Betlemi-Hütte, eine 1937 gebaute Wetterstation, wo Bergsteiger auf dem Weg zum Gipfel übernachten. Ich ziehe los, wandere durch Birkenwälder mit violetten Schlüsselblumen, über Alpenwiesen mit Enzianen, an Hängen mit niedrigen, gelb blühenden Rhododendren vorbei. Ich durchquere Geröllwüsten, Bäche, gewinne an Höhe und verliere an Boden auf dem flirrenden Weiß des Gletschers. Vorüberziehende Wolken werfen Schatten wie von riesigen Adlern auf das Eis. Schleierwolken und Sonnenstrahlen gießen Lichtbäche über Bergflanken. Wind, Sonne, Kälte. Friedrich Dürrenmatt hatte recht. Götter waren wohl „Bündel kosmischer Kräfte", wie er in seinem *Prometheus. Dramaturgie eines Rebellen* schrieb, „eingesperrt im Käfig ihrer Unendlichkeit", der ich hier oben ausgesetzt bin. Menschen und ein kaukasischer Hirtenhund kommen mir entgegen. Der Hund bleibt stehen und fordert mich mit hochgeworfener Nase und leuchtenden Augen zum Spielen auf. Ich streichle ihn und fühle mich selbst besser. Die dünne Luft macht mir zu schaffen, ich gehe Schritt um Schritt, halte alle paar Minuten, hinter mir der Hund, Streicheleinheiten, leuchtende

Augen und so fort. Bis kurz vor die Hütte bringt mich das Tier. Dann trollt es sich den Gletscher hinunter.
Ein Bergsteiger berichtet, dass besagter Hund gestern mit ihm vom Dorf aus zur Hütte und nachts um zwölf acht Stunden den Gipfel hoch und drei Stunden zurück zur Hütte gegangen sei. Der Hüttenwart fügt hinzu, der Hund heiße Nabral, Gletscherspalte. Es gebe immer einen Nabral, der Bergsteiger liebt und sie begleitet. Der Gründer der Nabral-Tradition war in eine Gletscherspalte gefallen und von Bergsteigern gerettet worden. Seither hießen er und seine Nachfolger Nabral. Auf die Betlemi-Höhle angesprochen, meint er, sie liege weit weg auf 4.100 Metern und nochmals 50 Meter hoch eine Felswand hinauf, sei nur etwas für Profikletterer, lawinengefährdet, Frauen verboten dazu. Einmal im Jahr, am 19. August, dem Fest von Christi Verklärung, hielten Mönche an diesem mit Ikonen bestückten, heiligen Ort eine Messe und würden zu diesem Zweck von Bergsteigern in die Höhle hochgehievt. 1999 hat man in ihrer Nähe zudem eine zeltähnliche Aluminiumkapelle mit Stahlseilen installiert. Selbst Kapellen brauchen hier Ketten.

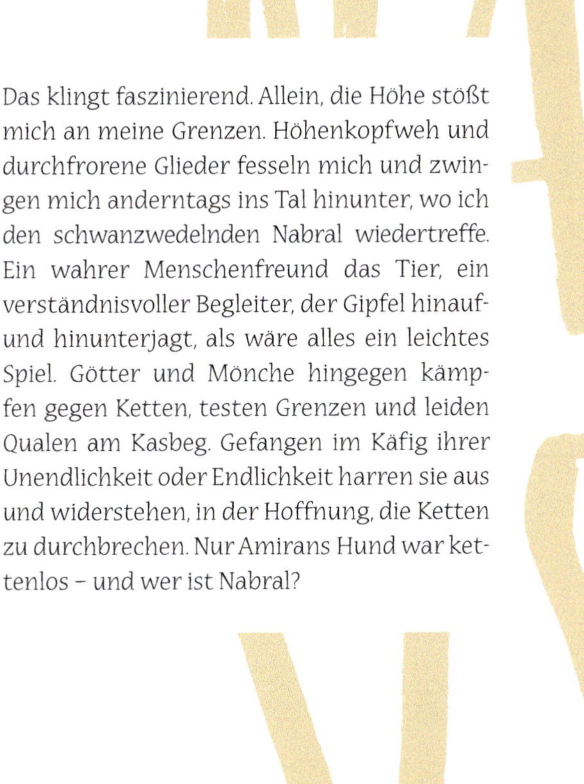

Das klingt faszinierend. Allein, die Höhe stößt mich an meine Grenzen. Höhenkopfweh und durchfrorene Glieder fesseln mich und zwingen mich anderntags ins Tal hinunter, wo ich den schwanzwedelnden Nabral wiedertreffe. Ein wahrer Menschenfreund das Tier, ein verständnisvoller Begleiter, der Gipfel hinauf- und hinunterjagt, als wäre alles ein leichtes Spiel. Götter und Mönche hingegen kämpfen gegen Ketten, testen Grenzen und leiden Qualen am Kasbeg. Gefangen im Käfig ihrer Unendlichkeit oder Endlichkeit harren sie aus und widerstehen, in der Hoffnung, die Ketten zu durchbrechen. Nur Amirans Hund war kettenlos – und wer ist Nabral?

HAUSBÄUME

Mehr als alles andere liebe ich die Bäume von Tiflis. Zypressen zeigen mit ihren Spitzen in den Himmel, als ginge ein direkter Weg dort hinauf. Zedern sind Geisterbäume und betrunkene Seelen. Sie wachsen schwankend, im Zickzack mit ihren hängenden Armen nach rechts und links ausgreifend, und enden in einer abgeknickten Spitze – wie Köpfe von Gehängten. Maulbeerbäume weinen schwarze Tropfen auf die Erde und Kakis hängen wie Weihnachtskugeln in den Ästen.

Die vielen Alleen bestehen meistens aus Platanen. Ihre Äste greifen über die Straßen ineinander und verschränken sich wie Hände. Ihre Stämme stehen so nahe an den Gebäuden, dass sich die Äste wie eine zweite Haut über die Fassaden legen. Meist höher als die Häuser, setzen die Bäume den Dächern ihre Kronen auf. Die Alleen vermitteln den Eindruck, dass sich die Bewohner von Tiflis ihr natürliches Recht bewahren wollen, von ihren Fenstern zurück ins Baumhaus zu steigen. Mir ist, als wäre Tiflis noch immer ein Wald, in dem Menschen ihre Häuser bauten, nachdem sie von den Bäumen gestiegen waren.

DER PFAU

Am Rande von Tiflis, hinter einer Mauer verborgen, schlägt ein Pfau sein Rad. Das Tier schillert nicht in Saphirblau, Türkis und Gold, um seine Umgebung durch Glanz zu betören und stolz auf Distanz zu halten. Sein Gefieder schmücken statt Pfauenaugen blassrote sonnenähnliche Blüten und stilisierte grüne Blätter wie an korinthischen Kapitellen. Der Pfau aus Metall steht in einer Wiese und sieht zum Gotteshaus der Jesiden hinüber. Für die Jesiden ist der Pfau Tausi Melek Symbol und Vertretung Gottes auf Erden. Die Jesiden erregen in Tiflis keine Aufmerksamkeit, weltweit jedoch sorgen sie für Schlagzeilen. Im August 2014 begann der Genozid an dieser nordkurdisch sprechenden religiösen Minderheit. Damals wurden im Nordirak Tausende Jesiden ermordet, Kinder und Frauen entführt, vergewaltigt und versklavt, 400.000 Menschen in die Flucht geschlagen. Wer fliehen konnte, lebt nun in Flüchtlingslagern. Von Islamisten werden sie als Teufelsanbeter verleumdet und gelten nicht als Leute der Schrift, weil die jesidischen Glaubensinhalte vorwiegend mündlich tradiert werden.

Die Jesiden flohen schon oft vor Pogromen. Ende des 19. Jahrhunderts flüchteten Jesiden und Armenier aus dem Osmanischen Reich nach Georgien und Armenien, wo sie seither wohnen. Wurde in Armenien schon früher ein jesidisches Gotteshaus gebaut, das erste außerhalb des traditionellen Siedlungsgebiets der Jesiden, wurde das Gotteshaus und Kulturzentrum in Tiflis erst am 16. Juni 2015 eröffnet. Es liegt im Stadtteil Varketeli in Richtung Flughafen. Dort ragen Quartiere aus Blockbauten in den Himmel, die chinesische Hualing Group hat ihr Sea Plaza Center mit riesigen Parkplatzflächen eröffnet. Zwischen diesen Hochbauten liegt auf unbebautem Land, klein wie ein Spielzeug, das Gotteshaus der Jesiden.

Als Minderheit erhielten die Jesiden keine Repräsentationsmöglichkeit im Zentrum der Stadt. Das ist schade, weil die Jesiden niemanden bedrohen und die öffentliche Repräsentation einer Religion, die dem Teufel keinen Raum und Namen gibt, weil dies die Allmacht Gottes infrage stellen würde, ein Zeichen für den Sieg des Guten wäre. Die Jesiden glauben, dass eine namentliche Nennung des Bösen gleichbedeutend mit seiner Anerkennung und damit Gotteslästerung ist. Es ist auch schade, weil das Verhältnis zwischen Jesiden und Christen traditionell gut ist und die Jesiden Elemente aus dem Christentum und alten

iranischen Vorstellungen, unter anderem aus dem Zoroastrismus, übernommen haben.
Aber vielleicht ziehen es die Jesiden vor, ihr Gotteshaus am Rande der Stadt zu haben und so unauffällig zu bleiben wie ihr Pfau. Es ist schwierig, mit ihnen in Kontakt zu kommen. Es dauerte Wochen, bis mir das religiöse Oberhaupt ein Interview gewährte. Die lokalen Tempeldiener, allen voran Scheich Nuri, empfingen mich zwar äußerst liebenswürdig. Scheich Nuri legte mir ein leichtes Tuch auf den Kopf und zeigte mir den Tempel, den man ohne Schuhe betritt, und das Kulturzentrum, wo Feste und Veranstaltungen stattfinden. Aber meine Fragen bezüglich ihrer Gemeinschaft gab er an das religiöse Oberhaupt weiter, als hätte er Angst, etwas Falsches zu sagen, das den fragilen Frieden infrage stellen könnte. Er war nicht der Einzige, der auswich. Ich hatte in Telawi versucht, ein Interview mit dort ansässigen Jesiden zu führen. Chancenlos. Als ich nach dem ersten Besuch im Jesidenzentrum mit dem Taxi zurück in die Stadt fuhr, wollte es der Zufall, dass der Taxifahrer ein Jeside war. Er freute sich, dass ich Interesse an seiner Religion hatte, beantwortete bereitwillig einige Fragen und erklärte

mir, dass Jesiden zur Sonne beten. Morgens fährt er sich mit der rechten Hand über die Wange und sagt: „Gebt alles Brot den 72 Armen und mir, was übrigbleibt." Sein Sohn lebt in Frankreich. Weil das Paar kein Kind bekam, fuhr der Taxifahrer mit Kleidern seines Sohnes nach Mzcheta zum Grab des verrückten Priesters, legte sie auf das Grab und schickte sie dem Sohn zurück. Bald darauf gebar die Frau eine Tochter, dann nochmals eine. Und sein Sohn hier habe auch eine Tochter. Er gab mir seine Telefonnummer und lud mich ein, seinen Sohn kennenzulernen, um mehr über die Befindlichkeit junger Jesiden zu erfahren. Als ich versuchte, mit ihm Kontakt aufzunehmen, wimmelte er mich ab und nahm auf meinen nochmaligen Anruf das Telefon nicht mehr ab. Das verstärkte meinen Eindruck, dass die Leute anonym bleiben wollen. Sie werden ihre Gründe haben. In den 1990er-Jahren zumindest gehörten die Jesiden zur drangsalierten Minderheit. Das mag sie geprägt haben.

So gesehen, macht ihr unauffälliges Gotteshaus am Rande der Stadt noch mehr Sinn. Hier stellte die georgische Regierung ein Stück Land zur Verfügung und die jesidische Gemeinschaft baute einen Tempel, der dem Hauptheiligtum der

Jesiden, dem Lalisch-Tempel in der Nähe von Mossul, gleicht. Wie in Lalisch ist das Gotteshaus in Tiflis eine kleine rechteckige Halle, die von einem hohen zylinderförmigen Dach bekrönt ist, dessen Zickzackstruktur in Form eines halboffenen Schirms den georgischen und armenischen Kirchtürmen zum Verwechseln ähnlich sieht. Zur Straße hin schließt sich das kulturelle Zentrum der Jesiden an. Seinen Eingang bildet ein Glaskubus, der seit der Regierungszeit des Präsidenten Mikhail Saakaschwili an allen öffentlichen Gebäuden als Symbol von Transparenz gilt. Die geschickte Kombination aus georgischem Modernismus und einem bescheidenen Gotteshaus macht die Jesiden zu einem Teil georgischer Kultur. Da Jesiden immer in verschiedenen Ländern lebten, mag es für sie selbstverständlich sein, sich ihrer Umgebung anzupassen, wie sie auch anderen religiösen Traditionen gegenüber tolerant sind. Ein guter Jeside muss ein guter Mensch sein, aber ein guter Mensch muss kein Jeside sein, lautet die Devise. Man wird als Jeside geboren. Deswegen missionieren Jesiden nicht, sondern sehen alles als Teil der von Gott geschaffenen Welt. Das Innere des Gotteshauses wirkt bescheiden. Sein Zentrum bildet ein halbrunder Altar an der Wand, aus dem ein Lebensbaum mit spiralförmigen Zweigen rankt. Auf den Zweigen sitzen symmetrisch angeordnet zwei Pfauen. Ein blauer Kreis umrahmt das Ganze. Außer Gebetssprüchen ist der Altar der einzige Schmuck. Jesiden treffen sich zwei Mal wöchentlich zum Gebet. Am Dienstag und am Donnerstag, den Tagen vor und nach dem jesidischen Sonntag am Mittwoch. Ob die Jesiden den Mittwoch ebenfalls aus Bescheidenheit als Sonntag gewählt haben, weil er noch von keiner anderen Religion besetzt war, weiß ich nicht. Einer ihrer Gebetssprüche lautet: „Lieber Gott, schütze erst die anderen 72 Völker und dann uns."

DIE BLAUE BLUME

Gato sucht einen Ehemann. Er sollte stumm sein, reich, und wenn er nicht arbeitet, kickt sie ihn abends aus dem Bett. Jugendlicher Schalk spricht aus dem Gesicht der achtzigjährigen Großmutter aus Kwemo Khalatsani, einem Ort in einem kleinen Seitental des Pankisi-Tals.
Als wir das Tor öffnen, sitzt Gato unter einer Weinpergola auf einer Decke vor dem Haus und zerpflückt Schafwolle aus den Matratzen, auf denen man hier schläft. Die Schafwolle wird über Nacht in Wasser eingelegt und tags darauf so lange geschlagen, bis das austretende Wasser klar ist. Meine Führerin Devi machte vor kurzem erstmals einen Zwischenhalt bei der Familie. Aber Gato nimmt sie in den Arm, als würden sie sich schon ewig kennen. Auch mich umarmt sie ohne Umstände, dann werden wir geradewegs in die Sommerküche neben dem Haus geführt. Bald stehen Tomaten, Gurkenschnitze, selbstgebackenes Brot und geräucherter Käse auf dem langen Tisch, an dem weitere Frauen arbeiten. Eine schält Birnen für Kompott, eine andere rollt Teig für *Khatschapuris* aus. In der Ecke liegt eine Feuerstelle mit

einem riesigen Topf, in dem Kornelkirschen im Zuckerwasser sterilisiert werden. Darüber hängt ein Käsekäfig aus Holz. Im Sommer wird im ländlichen Georgien von morgens bis abends eingekocht und eingeweckt.

Gatos Familie ist groß. Sie hatte neun Kinder, fünf Buben und vier Mädchen. Zwei der Jungen starben früh. Ihr Sohn Malchas ist nun der Hausherr. Er hat Chedi geheiratet. Beide sind um die 40 und haben acht Kinder. Diese spielen mit einer Karre Taxi und bauen Schlösser aus Erde.

Meine Tour durchs Pankisi-Tal mit der Führerin Devi hatte zwei Tage vorher begonnen. Das Tal liegt nordöstlich von Tiflis am Fuß der Kaukasusregion Tuschetien. Der Alazani-Fluss fließt breit mäandernd durch das etwa zehn Kilometer lange und drei Kilometer breite flache Tal und durchquert dann Richtung Osten die georgische Weinregion Kachetien. In den Siedlungen leben insgesamt 7.000 bis 8.000 Kisten, eine Volksgruppe, die mit den Tschetschenen und Inguschen zur ethnischen Familie der Wainachen gehört. Als das Russische Reich seinen Krieg gegen die nordkaukasischen Völker begann, der mit der Deportation des gesamten tschetschenischen Volkes unter Stalin seinen traurigen, aber nicht letzten Höhepunkt erlangte, flüchteten Kisten seit dem 19. Jahrhundert nach Georgien.

Die größten Siedlungen ziehen sich der Straße durchs Tal entlang. Links und rechts der Fahrbahn verläuft ein Abwasserkanal, vor jedem Eingangstor stehen Wasserhähne, weil es bis vor zehn Jahren kein fließendes Wasser in den Häusern gab. Gasleitungen sind seit einem Jahr verlegt, aber der Anschluss kostet 500 Lari. Abends stehen Kühe und Pferde auf dem Asphalt, Frauen sitzen am Straßenrand auf Betonmäuerchen und enthülsen Bohnen. Die Männer reden auf Bänken. In den Gärten wachsen Tomaten, etwas Paprika, Auberginen und Basilikum, dazwischen stehen aufgeschossene Spargelbäumchen. Zu jedem Haus gehört ein kleineres oder größeres Maisfeld, Futter für die Tiere. Schafe und teilweise auch Kühe werden den Sommer über in Tuschetien auf die Weide gebracht. Die Schäfer erhalten dafür einen Teil des Käseertrags. Sonst gibt es außer für Lehrer und ein paar weitere unabdingbare Berufe keine bezahlte Arbeit im Tal.

Das Tal schafft es allein mit Negativschlagzeilen in die lokalen und internationalen Zeitungen. Als Transitstation für Drogen und Waffen, als Rückzugsgebiet von Al Qaida-Kämpfern, als Rekrutierungsbasis für Kämpfer des Islamischen Staates. Mich interessieren die Menschen und ihr sufistisches Gebetsritual. Ich solle in Birkiani nach dem Haus von Devis Adoptivmutter Elsa fragen, hatte mir Devi per SMS mitgeteilt.

Die Familie war im ersten Tschetschenienkrieg 1994 über den Kaukasus ins Pankisi-Tal geflüchtet. Elsa ist Biologie- und Chemielehrerin. Sie arbeitet an zwei Schulen und gibt zusätzlich Nachhilfeunterricht. Ihr Mann Ansor hat dieses Jahr nach langem wieder mal als Schäfer in Tuschetien gearbeitet und fährt im Herbst nach Rostov, wo er ebenfalls als Schäfer arbeiten wird. Auf der Terrasse vor dem Haus hängt ein Stück Fett vom Fettschwanzschaf an einem Haken. Ansor genießt es gerne zum Alkohol. Devi habe ihr leidgetan, erzählt Elsa. Sie sei vor sechs Jahren ganz allein ins Pankisi-Tal gekommen, weil ihr deutsch-tschetschenischer Mann wollte, dass sie Tschetschenisch lerne. Als sie nach einiger Zeit zurückkehren wollte, antwortete ihr Mann per Telefon, sie müsse nicht zurückkommen. Da adoptierten sie Devi inoffiziell. Devi bezeichnet das Pankisi-Tal als ihre Heimat. Bei der georgischen Polizei hingegen gilt sie bald als Spionin, bald als tschetschenische Terroristin.

Devi fällt auf. Die kleine drahtige Frau mit den vielen sichtbaren Tätowierungen, dem dunklen Teint und den Schutzamuletten aus Wolfszahn, Bärenklaue und Perlenketten um den Hals hebt sich von den hellhäutigen Kisten mit den blonden bis roten Haaren ab. Ihr indonesisches Batikkleid verweist auf die Herkunft ihres Vaters, ihre Mutter ist deutsch-estnischer Abstammung. Je ein georgischer und indonesischer Dolch schmücken als Tätowierung ihre Waden. Wenn Devi gefragt wird, woher sie kommt, sagt sie auf Georgisch: „Me uzcho planeteli war“, ich komme vom fremden Planeten. Entgegen den Hinweisen auf einschlägigen Websites, man solle ein Kopftuch tragen und keinen Alkohol trinken, wandert Devi in einem knappen Kleid durch die Berge, schlotet wie ein Kamin und trägt nie Kopftuch, außer sie besucht das sufistische Dikr-Ritual. Seit saudische Wahabiten im Pankisi-Tal eine Moschee gebaut haben, gibt es Läden ohne Zigaretten und Alkohol und Mädchen gehen mit Kopftuch und langen Gewändern neben solchen ohne Kopftuch und knielangen Jupes durch die Straßen.

Devi ist die Sanskritbezeichnung für Göttin. Mit ihrem muskulösen Körper, dem Schmuck und den Tätowierungen gleicht sie tatsächlich indischen Göttinnen wie Durga oder Kali. Doch ist Devi im Georgischen die Bezeichnung für Bergmonster. Deshalb wollten ihr die Schäfer einen anderen Namen geben. Aber für ihre Arbeit als Bergführerin nützt ihr ihre Ausstrahlung zwischen Göttin und Bergmonster gleichermaßen.

Um Menschen kennenzulernen, wandern wir gemeinsam von Dorf zu Dorf. In Omalo findet gerade eine Begräbnisfeier für einen Kisten statt, der als Kämpfer für den Islamischen Staat nach Syrien zog und seine Familie nachkommen ließ. Alle sind umgekommen und die Feier findet in Abwesenheit der Toten statt. Um die 50 Männer sind im Krieg verschwunden, 23 inzwischen getötet. Wir besuchen den Schäfer Ramsan mit seiner Frau Elsa und einem Sohn. Sie wohnen in einem bescheidenen Haus und bitten uns sofort zu Tisch. Als Devi ihnen er-

klärt, dass wir gerne bei ihnen übernachten würden und dass ich dafür zahlen würde, wehren sie sich entschieden gegen das Bezahlen. Wir verschieben das Thema.
Abends bereitet Elsa *Kaldet* zu, ein Berggericht. Sie benutzt dafür den Frischkäse, der über der Balkonbrüstung in einem weißen Tuch hängt, zerbröckelt ihn und kocht ihn mit geklärter Butter, ohne dass er ganz schmilzt. Am Morgen darauf sitzen wir lange Zeit auf der Veranda mit der Sommerküche, auf den länglichen Rollen, die als Kissen verwendet werden. Ansor triezt Devi wiederholt. Ich sehe hier ständig lachende Gesichter. Als ich nach Witzen frage, haben sie keine auf Lager, weil sie über kleine Dinge lachen. Als ich nach Geschichten frage, haben sie keine zu erzählen außer über die Begräbnisfeier, und ich amüsiere mich über meine naive Fragerei. Was würde ich erzählen, wenn mich Ausländer um typische Schweizer Geschichten bäten. Ich lasse unauffällig Geld auf einer Kommode liegen. Wir verabschieden uns herzlich und ziehen unseres Weges. Eine Dreiviertelstunde später hält vor uns ein Auto. Der Sohn von Ramsan und Elsa steigt aus und gibt mir das Geld mit steinerner Miene zurück. Da habe ich meine Geschichte und eine Lektion in Gastfreundschaft.

Das Pankisi-Tal ist nicht besonders pittoresk. Natürlich sieht man einzelne schöne alte Häuser mit Holzveranden. Aber außer den gerade zu Boden fallenden Mirabellen und Pflaumen geschieht hier tagsüber nicht viel. Als wir bei Gato und ihrer Familie vom Übernachten reden, sagt Malchas bestimmt, er sei dagegen, dass alles mit Geld aufgerechnet werde. Er hoffe, dass er, wenn er in die Schweiz komme, ebenfalls aufgenommen würde. Wir seien nun 24 Stunden eine Familie. Malchas ist im ersten Russisch-Tschetschenischen Krieg gewesen und hat einen Ohrenschaden davongetragen. Ich frage ihn nach Traditionen, aber er sieht mich verständnislos an. Ich frage immer nach Dingen, die im Moment keine Rolle spielen. Hier ist wichtig, was grad ansteht. Ein Kalb fraß nichts. Es bekommt Brot. Sie haben elf Kühe. Ein Wolf hatte einmal im Hof in einer Regennacht sechs Widdern den Hals durchgebissen. Nur der schwarze Hund hat angeschlagen. Die andern rochen den Wolf wegen des Regens nicht. Seine Kinder lehrt er Respekt vor den Älteren. Er fragt mich, wie es den Flüchtlingen in der Schweiz gehe. Ob sie aufgenommen worden seien. Ich schweige betreten.

Abends betet die Oma auf einem Gebetsteppich kniend, einen Rosenkranz in der Hand. Die Tür steht offen, zwei oder drei der kleinen Kinder wuseln um sie herum. Anderntags wollen wir ohne Frühstück weiter, aber die Tradition

der Gastfreundschaft gebietet etwas anderes.
Zu Malchas' wichtigen Sätzen gehört auch der: „Wenn ihr keine Terroristen seid, sind wir auch keine." Mit seinen Werten und seinem Satz im Ohr kehren wir ins Haupttal zurück. Wir überqueren die breite Ebene des Alazani-Flusses. Das Gras ist kurz, weil hier Tiere weiden. Nur noch eine einzige Blume blüht auf den verdorrten Böden, eine Distel. Nicht nur ihre Blüten, sondern auch ihre Stängel und Blätter sind amethystblau. Der Stängel verzweigt sich vielfach eckig und bildet ein filigranes Geflecht. Ihre Blütenköpfchen sind der einzige Teil ohne Dornen, aber auch sie sind von stachligen Füllblättern umgeben, die einen Kragen bilden wie die Schutzamulette Devis. Man könnte meinen, eine ganz blaue Blume gehöre ins Reich der Imagination, so wie die blaue Blume der Romantik. Und doch blüht sie im Pankisi-Tal wie eine Königin auf den verdorrten Wiesen. Abergläubische Menschen hängen die Blume über dem Hauseingang gegen den bösen Blick auf.
Wir kommen in den Hauptort Duisi. Dort wohnen wir im Haus von Raissa. Sie gehört zu den Frauen, die im Tal den Dikr oder Zikr pflegen, eine sufistische Gebetspraxis, die bei den übrigen tschetschenischen Stämmen nur Männer zelebrieren. Raissa ist im Ausland. Stattdessen sorgt ihre Schwiegertochter Marina für unser Wohl. Sie interessiert sich nicht für den Dikr. Er sei etwas für alte Frauen.
Der Dikr findet freitags um zwölf Uhr statt, aber die Frauen treffen sich schon vorher im

Gebäude neben der Moschee, um sich auszutauschen. Ihre Schuhe liegen draußen, im Raum mit den türkisfarbenen Wänden und den Teppichen am Boden sitzen zehn Frauen die Wände entlang auf runden Rollen oder kleinen Hockern. In der Mitte liegen Plastiksäcke mit Nahrungsmitteln, Geschenke der Wahabiten, die um mehr Einfluss buhlen.
Die Wahabiten bauten eine zweite Moschee in Duisi, werben junge Männer mit Geld an und spendieren den Frauen auch eine Runde Erdbeereis. Denn heute ist ein Festtag. Auf ein unsichtbares Kommando hin rücken die Frauen näher zusammen und beginnen übergangslos zu singen, als würde alles aus dem Moment geboren. Bei einem Lied klatschen sie, dann stehen alle auf und gehen im Kreis. „La ila illalla la ila illalla." Sie stampfen mit einem Fuß nach vorn und rufen Allah, oft mit viel Luft aus der Kehle, Allah als Geste, als etwas, das mit Energie ausgestoßen wird, so dass der Buchstabe H von Allah zum Hauch oder vielmehr kraftvoll ausgestoßenen Wind Gottes wird. Es wird wärmer, man wischt sich die Stirn mit einem Stofftaschentuch. Die Frauen gehen und stehen im Kreis. „Amin Amin ja alla achdäla amin amin ja alla achdäla", singen sie rhythmisch mit schwingenden Gewändern. Beide Hände nach oben offen vor der Brust flüstern sie auf einmal und fahren sich dann mit den Händen übers Gesicht. Zwei Frauen stellen sich etwas

außerhalb des Kreises und umarmen alle. Dann setzen sie sich wieder in den Kreis. Worte wechseln im Raum, und so plötzlich, wie er begonnen hat, endet der Dikr nach etwa einer Dreiviertelstunde.

Auf der touristischen Agenda wird der Dikr als Hauptargument für einen Besuch des Pankisi-Tals angegeben. Dieses Gebetsritual ist jedoch kein touristisches Monument. Er kostet keinen Eintritt, ich bin eingeladen, daran teilzunehmen. Gastfreundschaft gilt als urgeorgische Tugend und wird touristisch kräftig vermarktet. Nicht im Pankisi-Tal, sonst würde dieser Wert ja zu Geld. Gastfreundschaft erlebt hier, wer an fremde Türen zu klopfen wagt und sich öffnet. Vielleicht ist es kein Zufall, dass in diesem Tal eine blaue Blume wächst. Hier ist sie kein romantisches Symbol wie ihr Pendant in der Literatur. Eher gleicht sie Devi, der Berggöttin mit den Schutzamuletten aus Zähnen, und den Menschen im Tal, die sich ihre Werte von negativer Berichterstattung nicht nehmen lassen.

ZITRONEN AUS AFRIKA

Wenn die Menschen in Afrika an der Post vorbeigehen, bekreuzigen sie sich. Nicht weil sie an eine heilige Brieftaube glauben würden. Schuld daran ist vielmehr die orthodoxe Kirche, die erst vor kurzem gemerkt hat, dass sie in Afrika noch kein Gotteshaus errichtet hat. Nun ist die erste Kirche fast fertig gebaut. Aber bis zum Umzug bekreuzigen sich die Menschen weiterhin vor dem linken Seitenflügel des Postgebäudes, der in sowjetischer Zeit als Kirche gedient hatte.

Afrika unterscheidet sich nicht von den anderen Vorstädten um Tiflis. Plattenbauten wechseln sich mit Landhäusern ab, Fabrikruinen mit Gärten. In einem Park stehen Fitnessgeräte für Erwachsene und Schaukeln für Kinder. Die Straßen säumen kleine Läden, auf den Gehsteigen verkaufen Frauen Socken, Jeans und Hemden, Kräuter und Gemüse, chinesischen Krimskrams und Zimmerpflanzen.

Ich logiere für ein paar Nächte in Kongo. Meine Gastgeberin heißt Dali, ihr Mann Wachtang. Sie wohnen im siebten Stock eines Ende der 1980er-Jahre errichteten Plattenbaus. Der Lift kostet fünf Tetri pro Fahrt, das Treppenhaus ist und bleibt ein Betonrohbau, durch dessen Betongitter ohne Glas Licht und Regen fällt. Die Haustüren sind alle neu und eine Reihe farbiger Fliesen markiert den Bereich, wo das Eigene beginnt. Dali ist Klavierlehrerin, Wachtang war Ingenieur und erhielt deshalb für ein symbolisches Entgelt eine große Wohnung von 100 Quadratmetern. Zwar heizten sie bis vor wenigen Jahren lediglich die Küche mit einem Holzofen. Doch dank ihrer drei Söhne, von denen zwei im Ausland leben, renovierten sie die ganze Wohnung, bauten eine Dusche mit Gasboiler ein und heizen das kleine Zimmer neben der Küche inzwischen mit einem Elektroofen.

Wachtang wurde nach einem Herzinfarkt frühpensioniert, doch eine Rente bekommt er erst ab 65 Jahren. Er verbringt den Tag in seinem Garten direkt vor dem Haus oder mit Kollegen beim Brettspiel. Sobald es warm ist, trifft man sich im Hof, wo unter Bäumen Tische und Bänke stehen.

Noch weiter weg als Afrika, eine Chiffre für Ferne, liegt der größte Basar von Tiflis. Er wird offiziell Lilo genannt, trägt jedoch den Spitznamen Dschungel. Es scheint eine Mode gewesen zu sein, Außenbezirke nach aus sowjetischer Sicht fernen Weltgegenden zu benennen. In Eriwan gibt es ebenfalls eine Vorstadt namens Bangladesh, zu der Witze kursieren.

Vom Balkon ihrer Wohnung sieht man auf Gärten, Fabrikruinen und den Flughafen von

Tiflis. Bis vor wenigen Jahren sei dieses Gebiet reine „Pusta“ gewesen, erzählt Dali. Afrika werde auch seiner steppenartigen Landschaft und der sandigen Böden wegen so genannt. Weil das Leben in der Stadt teuer ist und viele Georgier arbeitslos sind, kaufen mehr und mehr Leute ein Stück Land in Afrika und legen Gärten und kleine Häuser an.

Auch Soso hat vor zehn Jahren ein Stück Land gekauft und es urbar gemacht. Sosos Garten ziert vom Eingang bis zum Gartenhaus ein Baldachin aus Weinreben. Keine Schlossallee könnte gepflegter sein. Osterglocken säumen die Allee, seine Frau und Schwiegertochter pflanzen Chrysanthemen.

Soso fährt Tag für Tag aus dem Stadtzentrum nach Afrika, um seine Kuh zu melken. Sie solle stillhalten, wiederholt er alle paar Sekunden, wenn Marta mit ihrem Bein nach dem Euter und Sosos Hand tritt und ihm dabei ihren Schwanz um den Hals legt. Seit 15 Jahren wohnt er mit seiner Frau, dem Sohn und der Tochter in Tiflis. 1991 flüchteten sie wie Tausende andere Abchasier aus ihrer zwischen Georgien und Russland umkämpften Heimat. Ursprünglich hatten sie 20 Kilometer von Sochumi entfernt am Schwarzen Meer

gelebt und pflanzten Mandarinen und andere Zitrusfrüchte an. Dann flohen sie über Batumi nach Tiflis. Die Tochter war damals fünf, der Sohn sieben Jahre alt.
Marta gibt jetzt noch etwa zehn Liter Milch pro Tag. Früher waren es bis zu 20 Liter. Sosos Frau verarbeitet die Milch zu Käse und *Matsoni*, dem georgischen Joghurt. Er verkauft die frische Milch Nachbarn wie meiner Gastgeberin Dali. Sie macht gern ihren eigenen *Matsoni*. Dazu erwärmt sie die Milch bis zu einer gewissen Temperatur, fügt einen Löffel *Matsoni* hinzu und umwickelt das Joghurtglas dann dick mit warmen Stoffen. Am nächsten Morgen steht frischer *Matsoni* bereit, wenn man die Temperatur der Milch im Griff hat.
Wenn Soso Bäume pflanzt, hebt er zuerst eine große Grube aus, die er mit nahrhafter schwarzer Erde füllt. Oft hilft ihm der Schwiegervater seiner Tochter dabei. Den Mist von Marta und den Hühnern trägt er täglich auf der Erde aus, um die Bodenqualität zu verbessern. Unter den Weinspalieren sprießt viel Knoblauch, Koriander, etwas Petersilie, Schnittsalat, Randen, Fenchel und Lauch. Später im Jahr pflanzt Soso Kartoffeln, Tomaten und bulgarische Peperoni. In

einer Kiste mit Wärmelampe wuseln Küken um eine Henne herum. Direkt neben dem Haus steht ein kleiner Zitronenbaum. Seine wenigen Blätter sehen etwas angegriffen aus. Ich wundere mich, dass er die strengen Winter Georgiens überlebt.

Geld lässt sich mit Gemüse und Früchten keines verdienen. Die Abnahmepreise sind lächerlich. Der Staat hilft nicht, eine Logistik für den Transport von Gemüse zu entwickeln. Normgemüse aus der Türkei, die besonders im Frühling nach gar nichts schmecken, dominieren die Märkte. Viele Georgier sind gezwungenermaßen Selbstversorger. Zwar liegt die Arbeitslosenquote offiziell bei 13 Prozent, doch sind 50 Prozent realistischer.

Soso rückt den Tisch in die Sonne. Wir essen Spiegeleier mit Brot und frisch gepflückte Kräuter, die auf keinem georgischen Tisch fehlen, und trinken dunklen schweren Wein. Soso bringt einen Toast nach dem anderen aus und flucht auf den Rassisten Putin.

Afrika ist keine ländliche Idylle. Zwischen den Gärten liegt der Schutt von Industrieanlagen. In den 1990er-Jahren wurde da, wo nun die Gärten sind, der Abfall der Stadt verbrannt und es stank. Die Ruinen der Fabrikbauten hinter den Gärten erzählen von den wenigen Jahrzehnten, als Afrika nach dem Zweiten Weltkrieg eine Industriezone war, wo vor allem Baumaterialien produziert wurden. Die Luft war gelb und schlecht und es war wärmer als in der Stadt. Auch deswegen habe man das Quartier Afrika genannt. Tausende Bewohner von Tiflis arbeiteten hier. Jeden Morgen verabschiedeten sie sich von ihren Kindern mit den Worten, ich fahre nach Afrika. Nun arbeiten in den wenigen kleinen Fabriken, in denen noch etwas produziert wird, jeweils eine Handvoll Menschen.

In Kairo etwa zeigt mir Dali ein paar noch funktionierende Kleinbetriebe. Als erstes betreten wir ein Gebäude, in dem ein paar Frauen von Hand Verpackungen falten. Sie schneiden den Boden zu, leimen alles mit einem Pinsel zusammen und hängen die Hüllen dann zum Trocknen in einer Halle auf. „Eurofix. Glue for tiles" steht auf den Verpackungen. An der Wand lehnt ein gerahmtes Bild von Stalin, der über das Land schaut.

Etwas weiter duftet es nach frisch Gebackenem. Doch dürfen wir die Halle, in der Kekse hergestellt werden, ebenso wenig betreten wie die Wurstfabrik. Zumindest lassen uns

die unablässig patrouillierenden Hunde in ihr Paradies, so dass wir mit zwei Arbeitern reden können. Der eine spricht etwas Deutsch, da er in Österreich Asyl beantragt hat. Die „Farsch" werde aus Frankreich und Deutschland tiefgefroren importiert. Die aus Frankreich sei besser. Hier werden die Würste gewürzt und in Plastikdärme abgefüllt. Die mit der deutschen Farsch heißen dann *Bavarian Sausages.*
Zwischen den ruinösen Fabrikgebäuden sieht man kaum Menschen. Dafür kreuzen Ziegen und ein stattlicher Ziegenbock unseren Weg. Er trägt zwei spiralförmige, ineinander verschränkte, 50 Zentimeter lange Hörner und springt mit seinen Vorderbeinen auf offene Mülltonnen. Dali ärgert sich über diese offenen Mülltonnen, in denen Katzen und Hunde Säcke aufreißen.

In einem weiteren Gebäude werden Schränke und Gestelle aus Pressspanplatten gefertigt. In einem anderen stellen drei Arbeiter, ein Mann und zwei Frauen, Matratzen und Kissen her, die mit Wolle oder Hühnerfedern gefüllt werden. Etwa 20 Matratzen werden pro Tag gefertigt. Eine einfache Maschine näht die Hälften zusammen, die typischen kraterartigen Einbuchtungen werden von Hand gestochen. Eine Frau arbeitet allein am Eingang einer riesigen leeren Halle. Vor ihr türmen sich Hühnerfedern, die sie aussortiert. Sie trägt zumindest einen Mundschutz, doch greifen die Federn ihre Haut an. Sie verdient 1.200 bis 1.500 Lari, das sind etwa 400 bis 500 Euro im

Monat. Kein schlechter Lohn für Georgien, aber eine miese Arbeit, vor allem im Winter. Niemand will in den Arbeitskleidern fotografiert werden, weil man für eine Fotografie schön frisiert und gewandet sein möchte. Zuletzt zeigt mir Dali die einzige Fabrik, die in den 1990er-Jahren, als eine Fabrik nach der anderen schloss, neu eröffnet wurde. Dort wurden Baumnüsse geknackt und in die Türkei exportiert. 24 Stunden Arbeit, drei Schichten pro Tag. Auch sie arbeitete dort, weil in den 1990er-Jahren niemand Geld für Klavierstunden übrighatte. Doch nach gut zehn Jahren schloss auch diese Fabrik ihre Tore, die Maschinen wurden in die Türkei verkauft und nun sitzt noch ein Mann im Eingangshäuschen und bewacht symbolisch das Gelände.

Viele Bewohner von Tiflis kennen den Stadtteil Afrika nicht mehr, obwohl hier in Sowjetzeiten viele in den Fabriken arbeiteten. Selbst die Politiker vergessen Afrika vor den Wahlen. Renovieren sie sonst überall etwas, um ihre Wahlchancen zu erhöhen, ging Afrika bisher leer aus. Dabei ist der Stadtteil mit der Metro bis Samgori und dann mit der Marschrutka Nummer 5 oder 169 schnell erreichbar, eine Vorstadt wie andere auch.

Zwar betont Dali immer wieder, wie alt Afrika sei, viel älter als die schicken Stadtteile Vake oder Saburtalo. Jeder wolle heute dort wohnen, aber was hätten die Leute dort, kleine Wohnungen und viel weniger Grünflächen als in Afrika. Doch so alt scheint Afrika nicht, obwohl mir

niemand etwas Genaueres sagen kann, als dass Afrika alt sei. Um 1940 lebten in Afrika vor allem Griechen, Armenier und Juden und nur ganz wenige Georgier. Aus der Zeit nach dem Zweiten Weltkrieg stammt ein Friedhof für deutsche Kriegsgefangene im Gebiet von Veli. Sie wurden zum Bau von Brücken, Straßen und Gebäuden eingesetzt. Weil sie so schlecht ernährt wurden, starben viele bei der Arbeit. Im Jahre 1999 wurde der Friedhof mit den etwa 40 Kreuzen ohne Namen in eine Gedenkstätte umgewandelt. Seither ist er ein gepflegtes eingezäuntes Areal. In den 1950er- bis 1960er-Jahren, in der Ära Chruschtschows, entstanden neben den Landhäusern die vierstöckigen Chruschtschow-Bauten. Ab den 1980er-Jahren bis ins Jahr 1993 folgten die höheren und breiteren Blockbauten. Nach der Unabhängigkeit 1991 schlossen die Fabriken, ab der zweiten Hälfte der 1990er-Jahre verließen die Griechen und Juden das Land, weil ihr Heimatland bessere Lebensbedingungen versprach. Dafür strömten abchasische Flüchtlinge nach Afrika und bewohnen seither Rohbauten, die sie mithilfe der Regierung herrichteten. Auch Zigeuner lebten hier, erzählt mir Dali mit derselben Selbstverständlichkeit, mit der sie von den Kurden spricht, die ja auch nirgends zuhause seien.

Afrika ist Alltag für die Mehrheit der Georgier. Georgien produziert seit der Unabhängigkeit praktisch nichts mehr selbst. Jeder flucht über die Regierung, die keine Arbeitsplätze für die Jungen schafft. Wer sich in den Verteilkämpfen in den 1990er-Jahren nicht seinen Teil vom alten Reichtum gestohlen hat, ist arm. Vom Tourismus profitieren nur wenige und für große Projekte wie den Straßenbau holt man Chinesen ins Land, weil jede Straße aus georgischer Hand nach drei Jahren wieder reparaturbedürftig ist.

Was bleibt Dali anderes zu tun, als sich mit ihren Nachbarinnen zu treffen und im Morgenmantel Tee zu trinken und eingemachte Süß- und Sauerkirschen mit frischem Fladenbrot zu essen. Soso würde noch immer jederzeit nach Sochumi zurückkehren, obwohl sein Haus inzwischen ein anderer bewohnt. Seine Mutter liege dort begraben, betont er immer wieder. Sein Haus war doppelt so groß wie das in Afrika. Sie besaßen einen großen Garten mit Zitrusfrüchten, vor allem Mandarinen. Daran erinnert ihn sein einziger Zitronenbaum. Im Winter packt er ihn in Plastik ein und lässt jede Nacht eine Lampe brennen, mit deren Wärme er die kalte Jahreszeit überlebt. Dali sieht den beleuchteten Baum in der Nacht von ihrer Wohnung aus wie einen großen Leuchtballon. Der Zitronenbaum wird zwar nie so groß werden wie die Bäume in Sochumi. Doch trug er letztes Jahr angeblich 200 Früchte.

DAS FENSTER

In der Altstadt von Tiflis stehen Fassaden von Häusern ohne Dächer mit Fenstern ohne Glas. Aus den Fenstern sieht niemand mehr hinaus, weil die Böden eingebrochen sind, aber ich sehe von der Straße aus durch die Fenster in den Himmel hinein. Auf der Erde hinter den Fassaden sprießt grüner Teppich, an den Rückwänden hängen Kacheln und Tapeten wie Bilder vergangener Tage und oben der Himmel. Solche Fassaden sind keine Fassaden mehr, weil sie nichts mehr schützen und verbergen. Sie wirken wie ein Vorhang, der jederzeit fallen kann. Manche stehen nur noch, weil Metallgerüste sie stützen. Bis zuletzt erhält man sie aufrecht, um sie vor Fassungslosigkeit zu bewahren. Fassaden sind so.

Vielleicht stehen die Fassaden noch da, damit ich den Himmel anders sehe. Sonst schaue ich von drinnen aus dem Fenster in die Welt hinaus, hier schaue ich von draußen aus der Welt hinaus in den Himmel hinein. Ungerahmt weitet der Himmel den Blick und ich verliere mich in ihm. Mit diesen leeren Fenstern bekommt selbst der Himmel einen Rahmen und

fixiert mich dabei mit, so dass ich gebannt durch diese Fensteröffnungen sehe und ein Sog mich in den Himmel zieht. Leere Helle durchdringt mich und ich verharre, außerhalb der Zeit, hüllenlos und undurchdringbar. Ich schelte mich der Ruinenromantik. Die Altstadt von Tiflis fällt zusammen. Große Teile sind zerstört, einiges modern aufgebaut, um den Schein des Alten zu wahren. Wer in den baufälligen Häusern haust, lebt prekär, nicht himmlisch. Teilweise ohne fließendes Wasser und Toilette wie meine Nachbarinnen. Sie holen das Wasser vom Brunnen vor der Kirche, benutzen die Toilette der Kirche und gehen in die Schwefelbäder zum Duschen. Ich wollte so nicht leben. Und doch ziehen mich diese Häuserruinen an. Sie erlösen mich einen Augenblick vom Glauben, immer Fassaden zeigen zu müssen, um zu bestehen, und nehmen die Strenge aus meinem Gesicht. Durch ihre Fensteröffnungen scheint die Hoffnung, dass kurz vor dem endgültigen Zusammenbruch der Himmel sich zeigt.

DAS DACH

Wo liegt dieser Platz? Eine Frage, die mir auf dem Gudiaschwili-Platz in der Altstadt von Tiflis immer wieder durch den Kopf geht. Plätze liegen immer in der Mitte, weil Menschen hier zusammentreffen und Straßen in sie münden. In der Mitte des Gudiaschwili-Platzes steht zudem eine Skulptur. Sie zeigt zwei Gestalten unter einer Art Regenschirm, der mehr einer Zitronenpresse gleicht. Ihre Körper berühren sich, ihre Köpfe verbirgt der Schirm. Von dessen Spitze rieselt Wasser auf allen Seiten hinunter und schirmt die beiden hinter einem Vorhang ab. So stehen sonst Liebende auf Fotos und in Filmen da. Sie küssen sich bevorzugt auf großen Plätzen in Städten wie Paris, unter dem Schirm, bei Regen, wo sie den Rest der Welt vergessen, weil ihnen alles gehört.

Dass sich die beiden Gestalten auf dem Gudiaschwili-Platz filmreif lieben, bezweifle ich. Sie scheinen sich anders nah. Obwohl sich ihre Vorderkörper schon berühren, hebt die eine Gestalt ihr rechtes Bein leicht angewinkelt nach vorn, als würde sie einen Schritt auf die andere zugehen wollen, um ihr noch näher zu kommen. Die andere legt ihre leicht angewinkelten Arme an die Schulter des Gegenübers. Nicht um es zu umarmen, eher um es zu halten. Die Bewegungen von Arm und Bein ergänzen sich und der Effekt gegenseitigen Haltens wird noch dadurch verstärkt, dass der gehenden Gestalt die Arme zu fehlen scheinen, während die Beine der anderen so steif nebeneinanderstehen, als könnte sie keinen Schritt tun. Vielleicht schauen sich die beiden an und halten ihre Nähe aus, ohne sich zu küssen.

Die Skulptur wirkt in sich geschlossen, abstrakt fast in der Reduktion zweier Menschen auf zwei Bewegungen und Nähe. Und doch strahlt sie auf den ganzen Platz aus. Ein Kopfsteinpflaster breitet sich kreisförmig von ihr aus. Es bildet um sie herum eine Wölbung, die das Wasser fängt und wie ein Nabel wirkt. Dann greifen die Kreise aus und umfassen Ring um Ring den ganzen Platz. Sie fassen Fußball spielende Kinder und alte Männer ein, die Backgammon spielen und ihre Spielsteine knallend aufs Brett schlagen. Frühmorgens trinken Partygänger ein letztes Bier in ihrem Kreis. Passanten mit Fladenbroten aus

der hinter der Häuserecke gelegenen Bäckerei überqueren den Platz mit dem Duft von Brot. Immer ist jemand damit beschäftigt, Sonnenblumenkerne zwischen den Zähnen zu öffnen. Man spuckt die Schalen aufs Pflaster, wo sie von Tauben aufgepickt werden, die im Visier von Katzen sind, so dass auch hier ein Kreis sich schließt. Die Kreise verebben hinter den Bänken an Kanten zu einem kleinen Wiesenstreifen mit Bäumen, sie diffundieren in die Straßen und werden von einem Zaun, der den quadratischen Platz mit einem Wellenmuster umgibt, in die Luft geworfen. Nur die Katzen sitzen außerhalb. Königinnen der Mülltonnen, beobachten sie von ihren Hochsitzen auf dem Gehsteig den Platz und fixieren den plätschernden Nabel der Welt, als wüssten sie mehr.

Wie die Skulptur heißt und wer sie gemacht hat, steht nirgends. Am Boden zwischen die Backsteine der Nabelwölbung ist zwar eine Metallplakette eingepasst, auf der man den Namen des Kunstschaffenden und des Werkes erwarten würde. Doch steht dort nichts, als sei alles gesagt, wenn zwei Menschen in der Mitte eines Platzes stehen, auf den anderen zugehen und ihn halten.

Nur der Schirm irritiert. Seine Form gleicht nicht nur einer Zitronenpresse, sondern auch einem Phallus, seine Rippen erinnern an georgische Kirchturmdächer, die Schirmen gleichen, wie man sie früher auf Eisbechern und exotischen Drinks bekam. Ist der auffällig anspielungsreiche Schirm ein Seitenhieb auf die Kirche, die im Gegensatz zu diesem Schirm nur orthodox getrauten Paaren Schutz gewährt?

Als die Regierung mit einem undurchsichtigen Plan den Platz und seine Häuser renovieren wollte, begannen im Jahr 2007 neuartige Proteste. Aktivisten, Quartierbewohner und Kunstschaffende veranstalteten auf dem Gudiaschwili-Platz Konzerte, Flohmärkte und Kunstversteigerungen und verhinderten das Projekt. Wie die im selben Jahr entstandene Skulptur mit den Protesten zusammenhängt, weiß ich nicht. Sie ist anonym und unterscheidet sich von allen anderen Skulpturen der Stadt, die ihre Gesichter zeigen. Von den folkloristischen Tänzern und Tänzerinnen, den stereotypen Trinkern, den Helden hoch zu Pferde und den Erinnerungsbüsten. Von weitem scheinen die beiden Gestalten ihrer Schlankheit wegen zu verschmelzen und ein nachlässiger Blick könnte sie mit einem Pilz im Regen verwechseln. Frühmorgens gehe ich manchmal um die beiden Gestalten herum und stelle ihre Bewegungen nach, um ihnen so nahe wie möglich zu kommen.

Manchmal kommen mir der Schirm und der Platz wie eine Arche Noah vor. Sie schützen, was bewahrt werden muss, wenn die Altstadt nicht ihr Gesicht verlieren will. Auf dem Gudiaschwili-Platz gehen Unbekannte aufeinander zu, kommen sich nahe, halten sich und teilen einen Schirm.

Viel später fand ich den Namen des Künstlers und des Werkes heraus. Die Brunnenskulptur von Irakli Tsuradze heißt *Der erste Regen*.

Seite 8-9: Innenhof eines klassizistischen Gebäudes, Gribojedov-Straße, Tiflis.

Seite 17: Ehemaliges Kranken- und Wohnhaus für Kriegsveteranen, Jamanidze-Straße, Tiflis.

Seite 21: Wendeltreppe in einem Innenhof, P. Iaschwili-Straße, Tiflis.

Seite 28-29: Bienenstöcke des Nonnenklosters, Phoka.

Seite 41: Bahnhofsgebäude, Flughafen Tiflis.

Seite 48: Zum sogenannten Diamantpalast gehörendes Tor, Tschonkadze-Straße, Tiflis.

Seite 53: Kwevris vor dem Haus des Kwevri-Machers von Telawi.

Seite 62-63: M. Zichi-Straße, Tiflis.

Seite 68: Blumenmarkt, Tiflis.

Seite 74-75: Spielplatz im Vere-Park, Tiflis.

Seite 78: Blick auf die Gergeti-Kirche und den Kasbeg, Stepanzminda.

Seite 87: Usnadze-Straße, Tiflis.

Seite 93: Abo Tbiveli-Straße, Tiflis.

Seite 101: Großmutter Gato in Kwemo Khalatsani, Pankisi-Tal.

Seite 113: Wohnhaus in Afrika, Tiflis.

Seite 117: Haus in der Z. Zhawania-Straße, Tiflis.

Seite 122-123: Peter und Paul-Kirche, Abaschidze-Straße, Tiflis.

Der Text „Nabral, der kaukasische Hirtenhund" wurde in leicht veränderter Fassung erstmals am 25. Juni 2014 in der Neuen Zürcher Zeitung publiziert.

Geschichten entstanden dort, wo Menschen mich willkommen hießen. Die Menschen aus dem Pankisi-Tal, die ich mit der Führerin Devi Asmadirjedja kennenlernen durfte, beherbergten und verköstigten mich, als wäre ich eine der ihren. Die Nonnen von Phoka gaben mir Einblick in ihr Leben und bewirteten mich mit ihren köstlichen selbstgemachten Spezialitäten. Den Stadtteil Afrika lernte ich über den Reiseleiter Giorgi Chachua kennen. Seine Eltern Wachtang und Dali führten mich dort zu kleinen Fabriken und in private Gärten.

Zwei Museen nahmen sich besonders viel Zeit für meine Anliegen. Im Seidenmuseum unter der Leitung von Nino Kuprava diskutierte ich wiederholt mit der Ausstellungskuratorin Mariam Schergelaschwili über die Verwandlungen von Seidenraupen. Im Museum für Volkskunst und angewandte Kunst stellte mir die Direktorin Irina Koshoridze ihre Bibliothek samt Tisch zur Verfügung und verwies mich auf Artikel über Tiflis.

Die Köchin und Restaurantbesitzerin Tekuna Gachechiladze öffnete mir die Augen für den chamäleonartigen Charakter des fremden Gewürzes. Meine Nachbarn Sabine Böttcher und ihr Mann erzählten mir so manche Anekdoten aus ihrem Alltag, die mein Bewusstsein für Schwierigkeiten und Freuden des Lebens in Tiflis schärften. Alle diese Begegnungen sind unbezahlbar und machen mich reich.

Den Beginn meines Buchprojektes ermöglichte ein Stipendium der Zürcher Stiftung BINZ39. Es erlaubte mir, von April bis Juli 2016 in Tiflis zu leben. In dieser Zeit entstand mit Hilfe von Mariam Schewardnadze als Übersetzerin eine Serie von Interviews zur Lage Georgiens.

Die Bildredaktorin Beatrice Geistlich unterstützte mich bei der Auswahl der Fotos. Ohne die Freundschaft und kritische Lektüre meiner Texte durch Eveline Suter und Samuel Herzog würde ich nicht schreiben.

Eva Dietrich, Winter 2017/2018